走出学习困境

儿童青少年学习困难评估与应对指南

钟雨洁 著

中国妇女出版社

图书在版编目（CIP）数据

走出学习困境 ：儿童青少年学习困难评估与应对指南 / 钟雨洁著. -- 北京 ：中国妇女出版社，2025. 7.
ISBN 978-7-5127-2516-4

Ⅰ. G442

中国国家版本馆CIP数据核字第2025RS6151号

责任编辑：王海峰　王琇瑾
封面设计：末末美书
责任印制：李志国

出版发行：中国妇女出版社
地　　址：北京市东城区史家胡同甲24号　　邮政编码：100010
电　　话：（010）65133160（发行部）　　65133161（邮购）
网　　址：www.womenbooks.cn
邮　　箱：zgfncbs@womenbooks.cn
法律顾问：北京市道可特律师事务所
经　　销：各地新华书店
印　　刷：小森印刷（北京）有限公司

开　　本：150mm×215mm　1/16
印　　张：13.75
字　　数：130千字
版　　次：2025年7月第1版　　2025年7月第1次印刷
定　　价：59.80元

如有印装错误，请与发行部联系

前　言

在认知迷雾中点亮学习的灯塔
——关于学习困难的系统性探索

时代之问：重新认识学习困难的教育困境

数学课上，教师正专注地讲解二次函数，后排戴眼镜的男生盯着课本上的公式仿佛在凝视天书；语文课上，一个女生反复临摹“永”字，却总是把中间的横折钩写成歪斜的曲线；自习课上，总有学生频繁离座、摆弄文具，作业本上的字迹如同狂风中的落叶……这些在传统教育语境中被归因为不努力、粗心、态度不好等的现象，实则指向一个复杂的教育命题——学习困难。

据统计，全球约 15% 的学龄儿童存在不同程度的学习困难。在现实生活中，这些孩子常被贴上“差生”标签，承受着来自家庭、学校和社会的多重误解。当教育系统过度关注平均水平的“正态分布”，那些在认知光谱上处于特殊位置的学习者，很容易被忽视、遗忘。这种认知偏差不仅导致干预措施的错位，更可能在孩子心中种下自我怀疑的种子，形成“习得性无助”的恶性循环。

本书的写作初衷，正是源于对这个群体的教育困境的深度关切。每次面对陷入困扰的孩子和充满焦虑、担忧的家长，我都在想，怎样才能真正帮到他们？然而，当我们透过神经科学、发展心理学、教育学等多学科视角重新审视学习困难时，会发现每个学习困难的个案背后，都隐藏着生理基础、认知模式、环境互动的复杂交互。唯有建立系统性的认知框架，才能打破偏见的枷锁，为这些孩子搭建真正适合他们的成长阶梯。

概念重构：厘清学习困难的多维图谱

在教育实践中，学习困难常与学习障碍、学业不良等概念产生混淆，这直接导致干预策略的精准度严重缺失。本书第一章通过严谨的概念辨析，试图构建清晰的理论坐标：学习困难是指智力正常儿童在听、说、读、写、算等特定学习领域出现显著困难，且这种困难并非由神经缺陷、感知障碍或环境剥夺引起。相较于源自神经机制异常的学习障碍，学习困难涵盖的范围更广，包括认知策略、情绪调节、感觉统合等非神经病理性因素导致的学习效能低下。

类型解码：走进学习困难的多元世界

学习困难的表现如同棱镜折射的光谱，呈现丰富的多样性。本书第二至八章分别聚焦阅读、数学、书写、注意力、学习方法、感觉统合、情绪障碍七个层面的学习困难，每个类型均遵循定义、成因、表现、诊断、干预的逻辑展开，具有完整的问题解决链条。值得强调的是，本书突破了传统医学诊断的局限，将学习方法不当、感觉统合失调、情绪障碍等非神经病理性因素纳入研究范畴。另外，每种类型的探讨均辅以具体案例佐证。真实场景的还原，让抽象的理论转化为可感知的教育情境，可以帮助读者建立具象化的认知。

干预体系：构建全生命周期支持系统

如果说对学习困难的认知是诊断病因，那么干预体系的构建就是开方施治。本书第九章提出的“个性化教育—多学科协作一家校社联动”三位一体模式，试图破解传统干预碎片化难题。个性化教育强调基于评估结果的精准施策。多学科协作体现了问题解决的专业性。家校社联动则打通了教育场域的边界。书中提出的“家庭干预”理念，更是为家长提供了具体的可操作的指导。社区资源的整合也被纳入我们的关注范围。这些均有助于构建全方位支持系统。

特别值得关注的是，本书强调干预过程的伦理与权益保障。从评估工具的文化适用性到干预方案的知情同意，从隐私保护到反歧视教育，每个环节都渗透着对学习困难者的严格尊重。这不仅是教育专业性的体现，更是社会文明的度量衡。

前沿探索：在科学与实践的交汇处创新

学习困难研究始终处于多学科交叉的前沿领域。本书梳理了近年来针对学习困难的干预在前沿技术上的重要突破。例如：针对注意力缺陷学生的智能手环，可以通过振动提醒其维持专注；基于智能设备的自适应学习平台，能根据孩子的具体情况推送个性化的学习资源；虚拟现实技术在感觉统合训练中，可以让传统的秋千、平衡木训练升级为数字化沉浸式体验；等等。这些技术并不能替代教师，但是可以成为教育的增强工具，拓展干预的可能性边界。

教育哲学：重新定义困难与成长

当我们深入探讨学习困难的各个维度，最终会触及教育的本质问题：什么是理想的教育？什么样的成长才是有价值的？本书试图传递这样的理念：学习困难不是需要消除的问题，而是个体发展多样性的自然呈现。每个学习困难儿童身上，都可能隐藏着未被发现的优势潜能。

这种理念体现在干预策略中，就是从“弥补缺陷”到“发展优势”的范式转换。书中强调，在针对薄弱环节进行干预的同时，要发现孩子的优势领域，通过优势迁移促进整体发展。教育的真谛，在于帮助每个孩子找到属于自己的认知通道，让独特的神经多样性成为成长的助力而非障碍。

本书的写作得益于众多领域专家的指导。我们学习困难门诊的真实案例，是本书鲜活的注脚。感谢所有参与本书调研的孩子和家长，你们的信任让我们可以走进真实的教育现场。

特别感谢编辑团队的辛勤付出，是你们的专业建议让书稿从零散的思考升华为系统的著作。我还要感谢家人的支持，是你们的理解与鼓励让我的梦想照进现实。

教育是一项面向未来的事业。当我们以科学的态度理解学习困难，以包容的心态接纳个体差异，以创新的方法实施教育干预，孩子便能在学习的旅程中找到属于自己的光芒。

愿这本书能成为一把打开理解与帮助大门的钥匙，可以让更多学习困难者在知识的海洋里自由翱翔。

谨以此书，献给所有在学习之路上勇敢前行的孩子，以及所有为他们点亮灯塔的教育工作者。

钟雨洁

2025 年 3 月于北京海淀

目　录

第一章

什么是学习困难

学习困难的基本概念

学习困难是指个体在信息加工、知识建构或技能应用过程中表现出持续性障碍，导致实际学习成效与潜在能力水平显著不相符。

这种困难通常呈现以下特征：(1）多维度表现，可能涉及语言理解、逻辑推理、空间认知等不同认知领域；(2）动态发展性，可能随学习任务复杂度提升逐渐显现；(3）情境依赖性，在特定学习场景（如数学应用题解析、外语写作等）尤为突出。

阅读时频繁跳行、漏字但朗读流畅，书写时常出现镜像反转问题（如 b、d 不分等)，做算术题时难以理解进位概念，所写作文内容空洞但口语表达正常，均属于学习困难的具体表现。

学习困难相关概念辨析

一、学习困难 vs 学习障碍

维度	学习困难	学习障碍
成因	环境、心理、教育方法等因素交织	神经发育异常（如左脑语言区功能失调）
诊断标准	教育评估（如学业成绩持续低于班级平均水平）	临床心理测评
干预方式	教育策略调整（如差异化教学、认知行为训练）	医学一教育联合干预
典型案例	家庭变故导致阅读速度下降的儿童	确诊为诵读困难的儿童

二、学习困难 vs 学业不良

学业不良

具体表现是，连续两个学期主科（如语文、数学、英语）成绩低于及格水平。例如：某初中生连续三个学期数学成绩不及格，家长安排额外辅导，孩子成绩仍不及格。

学业不良的成因十分复杂。其中 30% 的学习不良由非认知因素导致，例如学习动机不足（如沉迷游戏）、家庭支持缺失（如留守儿童）、教学不适应（如教师教学风格不匹配）等。

学习困难

具体表现是，付出巨大努力仍无法取得满意的成绩。比如，日均额外学习 3 小时仍无法掌握基础英文语法。再如，某小学生每天抄写单词“there”和“their”各 10 遍，仍无法区分它们。

学习困难与神经机制有关，可能源于信息加工、记忆存储等认知功能异常。

个体的常见表现是，表面遵守纪律但成绩持续低迷。例如：某学生课堂上高度专注，作业工整，但考试成绩持续低于班级平均水平。

三、相关概念解析

1. 阅读困难。通常源于单词解码困难。例如，小学五年级学生阅读速度每分钟少于 80 词，而且存在逐字指读现象。

2. 写作困难。常见表现是拼写混乱。比如，将“because”写成“becuase”。再如，作文中出现大量语法错误，句子结构不完整。

3. 数学困难。常见表现是计算速度慢。例如，两位数加减法平均耗时 30 秒，无法理解“3+5”和“5+3”的等价关系。

4. 学习适应困难。可以由环境触发，例如父母离异、移民等。转校生可能因不适应新教学节奏出现成绩下滑。它具有可逆性，通常经过 6 ~ 12 个月干预可逆转。例如，某学生因父亲失业成绩下滑，经心理咨询干预后成绩回升。

5. 注意缺陷多动障碍（ADHD）共病现象。共病机制是，注意缺陷影响信息摄入，多动行为干扰课堂学习。据统计，约 50% 学习困难的孩子同时存在 ADHD。鉴别要点是，ADHD 需要进行独立诊断，确诊理由需要符合 ADHD 诊断标准。例如，某学生存在阅读困难，同时有持续的注意力分散情况和冲动行为。

学习困难的多维度影响

一、学业层面的影响

1. 认知损伤。比如，在工作记忆方面，无法同时处理多个步骤（如做数学题时遗漏中间步骤）。

2. 信息编码存在问题。比如，总是通过死记硬背学习。

二、知识建构层面的影响

1. 网络断裂。比如，在记忆上常出现时间线混乱的情况。

2. 概念孤立。比如，数学公式与实际应用脱节，也就是说，会背公式但不会解题。

3. 策略缺失。比如：学习过程呈现被动学习状况，依赖教师逐句讲解；科学课实验报告仅记录现象，无法分析因果关系。

三、心理社会层面的影响

1. 元认知损伤。比如，自我评估存在偏差，将失败归因于努力不足。在学习过程中，持续存在数学学习困难但拒绝使用错题本，就属于这种情况。

2. 社会认知存在偏差。比如，有“我天生学不好数学”这样的负面思维。

3. 执行能力差。比如，在任务规划过程中需要家长帮忙，完成多步骤实验需要教师拆解任务。

4. 时间管理能力差。比如，不能按时写作业，需要家长经常提醒。

5. 职业发展受困。据研究，学习困难的孩子，成年后失业率较普通人更高，而且只适合低要求重复性工作，如流水线操作工。

6. 终身学习受困。比如，这样的孩子成年后继续参与学习的比率较普通人低。

7. 学习模式单一。学习困难的孩子十分依赖面对面教学，自主学习能力差。

8. 可能形成恶性循环解析机制。例如，失败导致多巴胺分泌减少，进而导致学习动机减少，最终导致持续失败。

9. 前额叶皮层萎缩。据研究，持续 5 年学习困难者大脑灰质体积将减少 6%（相当于大脑老化 2.3 年）。

10. 脑区功能变化。对于长期存在学习困难的孩子而言，语言区（布洛卡区）活跃度会降低，与记忆相关的背外侧前额叶皮层激活能力会减弱。

学习困难最佳干预期为 7 ~ 12 岁（前额叶皮层快速发育期）。16 岁后开始干预，效果下降 40%。

学习困难的诊断与干预

一、诊断流程图

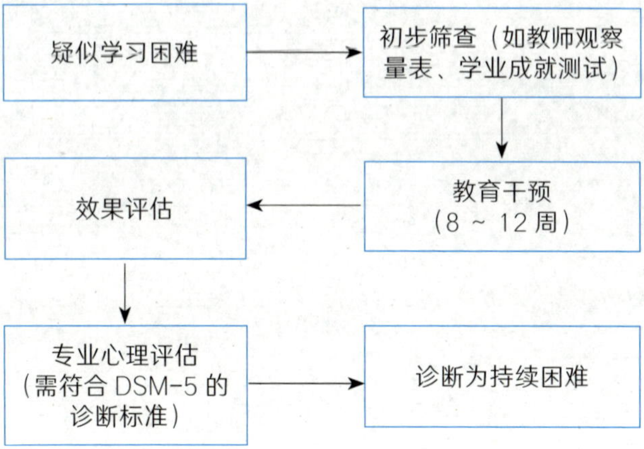

上面流程图中的 DSM-5，即《精神障碍诊断与统计手册》（第 5 版），是美国精神病学会制定的。

二、干预策略

干预层级	实施主体	具体措施	预期效果
一级预防	学校教师	差异化教学、多元智能评估	减少普遍性学习困难
二级干预	学习支持团队	个性化学习指导、认知策略训练	改善特定学习领域的表现
三级治疗	专业医疗机构	神经反馈训练、药物治疗（如针对ADHD的治疗）	矫正神经发育性障碍

学习困难评估

一、学习困难评估工具

1. 儿童行为量表。可以识别学习困难相关情绪、行为问题，如焦虑、注意力分散等。

2. 学业成就筛查量表。可以快速定位阅读、写作、数学等领域的基础技能缺陷。

3. 教师观察量表。可以记录课堂参与度、任务坚持能力、错误行为模式等行为指标。

二、诊断性评估策略

诊断领域	常用工具	评估指标
智力水平	韦氏儿童智力量表（第五版）（WISC-Ⅴ）	言语理解、流体推理、工作记忆等
阅读能力	韦氏个体成就测验（第三版）（WIAT-Ⅲ）	单词识别准确率、阅读理解速度、语音解码能力等

续表

诊断领域	常用工具	评估指标
数学能力	KTEA-3数学能力测试	计算流畅性、问题解决策略、空间可视化等
执行能力	执行功能行为评定量表(BRIEF)	制订计划、情绪控制、任务转换等

第二章

阅读困难
以及应对策略

阅读困难的定义

阅读困难，也称阅读障碍或阅读困难症，是一种在阅读、写作、拼写，甚至音乐和数学等方面长期显著存在的学习困难。这种困难可以影响个体对书面材料的理解和处理能力，使阅读变得缓慢、费力、效率低。阅读困难并非由智力低下、视觉或听觉障碍导致，而是一种特定的学习困难，它会影响大脑对语言的理解和处理。

比如，小俞是一名小学生，尽管他在其他科目上表现良好，但在阅读方面遇到了巨大的困难。他的阅读速度远低于同龄人，且理解能力相对较差。他无法流畅地阅读文章，需要反复阅读才能理解一句话的意义。在反复阅读的过程中，他会发生结巴的现象。我们经过评估，认为小俞存在阅读困难。

阅读困难的形成原因

一、生物学因素

1. 大脑结构异常。通过脑成像技术，研究人员发现阅读困难者大脑左半球与阅读相关的区域存在功能异常。这些异常区域在个体处理书面语言时表现出较低的激活水平，从而影响了阅读能力。

2. 神经递质失衡。一些研究表明，有阅读困难的个体在多巴胺等神经递质水平上与正常人相比存在差异。这些差异可能导致个体在处理语言信息时遇到困难，从而影响阅读能力。

3. 遗传因素。阅读困难具有一定遗传性。研究人员发现，阅读困难者携带了与阅读困难相关的基因变异。这表明，遗传因素在阅读困难的发生上扮演着重要的角色。

二、心理学因素

1. 认知加工困难。阅读困难者在认知加工方面存在困难，如注意力相对分散、工作记忆容量有限等。比如，一名阅读困难者在进行注意力测试时表现出明显的注意力分散现象。他无法长时间专注于测试任务，导致测试成绩远低于同龄人。很明显，注意力分散影响了他的阅读能力。

2. 语言处理能力不足。阅读困难者的语言处理能力相对较弱。一次，我在门诊接待了一名小学生，他在拼写和发音方面存在困难。经过评估，我发现他的语音意识较弱，无法准确地在文字与发音之间建立对应关系。这导致他在阅读和拼写时经常出现错误。

3. 情绪问题。长期面临阅读困难的个体可能产生自卑、焦虑、抑郁等情绪问题。我认识一名初中生，她因长期阅读困难而感到自卑和沮丧，逐渐失去了学习兴趣和动力，甚至开始逃避阅读任务。这种负面情绪进一步加剧了她的阅读困难。

三、环境因素

1. 学校环境因素。我们门诊一名存在口吃问题的阅读困难者，在学校里受到了同学的嘲笑和排斥。这进一步加剧了他的自卑和阅读困难。

2. 家庭环境因素。父母对孩子的阅读期望过高，经常批评孩子的阅读表现，可能导致孩子对阅读产生恐惧和厌恶情绪，从而加剧阅读困难。

3. 文化背景因素。不同文化背景下的个体在阅读能力和学习方式上可能存在差异。在学习他国语言方面遇到困难，可能导致阅读困惑和挫败感。

4. 养育方法不当。孩子在识字时期，过于依赖“看图猜词”，可能导致孩子与词典学习通路代偿失败，无法建立字形字音对应规则，进而发生阅读困难。

阅读困难的具体表现

一、识字层面的表现

1. 认字与记字困难。阅读困难者在认字和记字方面存在显著困难，经常将相似的字母或文字混淆，如将“b”和“d”混淆、无法准确记住单词的拼写方式等。

2. 错别字连篇。由于识字困难，阅读困难者在书写时经常写错别字。如，将“猫”写成“苗”，将“今天”写成“令天”。这些错误会严重影响孩子的写作质量和阅读流畅性。

3. 混淆形近字。阅读困难者往往难以区分形状相似的字。比如，他们在阅读时经常将“视”与“祝”、“已”与“己”等形近字混淆，以致无法理解文本中的关键信息和中心思想。

4. 颠倒偏旁部首。在阅读困难者的书写中，颠倒偏旁部首是一种常见的错误。也就是说，在写汉字时经常将上下结构、左右结构或内外结构颠倒，比如将“部”写成“陪”、将“树”

写成“对木”等。

二、阅读层面的表现

1. 阅读速度慢。阅读困难者的阅读速度通常较慢。这样的孩子在阅读课文时相对来讲需要花费更长时间，经常需要反复阅读才能理解一句话的意义。这导致他们在课堂上无法跟上老师的节奏，以致影响学习效率、自信和学习积极性。

2. 朗读困难。阅读困难者在朗读过程中，可能出现发音错误、增字、减字、漏字等现象。例如，我门诊的一名小学生在朗读课文时经常出现发音错误和漏字现象，他的朗读速度十分缓慢且缺乏流畅性。这影响了他的阅读体验、自信心和理解能力。

3. 理解力差。阅读困难者由于在阅读过程中经常漏字、跳行，所以在理解所读内容方面存在困难。我认识的一名初中生在阅读科普文章时无法理解其中的关键信息和科学原理，只能理解文章的表面意思，完全无法深入挖掘其中的深层含义和逻辑关系。

4. 逐字阅读。阅读困难者往往在阅读时逐字指读，因此无法快速识别文本中的关键信息。这导致他们的阅读速度较慢，同时理解力也会受限。

5. 复述困难。阅读困难者在阅读后可能难以复述所读内容。我门诊的一名小学生在听完老师或者其他人讲解的课文后无法复述其中的关键信息。他只能回忆起部分细节，且无法完整地表达自己的想法。这不仅会对学习产生影响，也会影响人际交往。

三、写作层面的表现

1. 书写错误多。由于识字和阅读困难，阅读困难者在写作时经常出现书写错误。比如，他们的作文中充满了错别字和不规范的表达方式，这影响了他们的作文质量，直接影响作文得分。

2. 语法错误多。阅读困难者在写作时经常出现语法错误。比如，他们写作时经常混淆时态、语态等语法规则，无法准确把握动词的时态和语态，无法准确地表述所思所想。

3. 内容枯燥。阅读困难者的写作能力通常较弱，他们可能难以构思出丰富、有趣的内容。比如，我们学习困难门诊的一名小学生，在写作文时总是重复使用相同的词汇和句型，缺乏创意。也即，他的作文内容枯燥，缺乏吸引力和可读性。

4. 书面表达困难。阅读困难者在书面表达方面存在困难，在写作时无法准确、流畅地表达自己的思想和观点。他们的文章中充满了语法错误和不规范的表达方式，导致读者难以理解他们的真实意图和想法。

四、拼写层面的表现

拼写困难是阅读困难者常见的表现之一。比如，他们可能无法准确记住英文单词的拼写规则或字母组合方式，导致在书写或打字时频繁出现拼写错误。

五、理解层面的表现

1. 逐字理解。阅读困难者在理解所读内容时习惯逐字理解。比如，他们在阅读科普文章时无法准确理解其中的专业术语和概念，只能以解读单个字母或词语的方式理解文本，完全无法将它们整合为有意义的信息。

2. 理解性理解不足。阅读困难者可能缺乏理解性理解的能力。例如，我们学习困难门诊的一名小学生在阅读故事书时只能理解表面情节，无法深入挖掘其中的深层含义和寓意。

3. 评论性理解缺乏。阅读困难者还可能缺乏评论性理解的能力。比如，我们学习困难门诊的一名高中生在阅读一篇议论文时，虽然能够理解文章的基本观点和论据，但无法对文章进行深入分析和评价，无法提出自己的观点和看法，也无法将文章与其他相关材料进行比较和对照。这种评论性理解的缺乏会限制个体对文本的深度解读和批判性思维的发展。

六、行为层面的表现

1. 注意力不集中。阅读困难者往往表现出注意力不集中的行为特征。他们可能难以长时间专注于某项任务或活动，而是容易分心或受外界干扰。例如，一名 8 岁的小学生在阅读课文时经常分心，无法长时间保持专注。他的目光会不自觉地游离到课本之外的事物上，如窗外的风景或同学的动静。这种注意力不集中导致他无法有效理解和吸收课文内容。

2. 逃避阅读。由于阅读困难和由此产生的挫败感，阅读困难者可能会逃避阅读任务或活动，甚至逐渐失去对阅读的兴趣，宁愿花时间在玩游戏或看电视上。这种逃避行为会进一步加剧他们的阅读困难和相关问题。

3. 情绪波动。阅读困难者可能经历较强烈的情绪波动。他们可能因阅读困难而感到沮丧、焦虑或愤怒。这些情绪会影响他们的学习态度和行为表现。

4. 缺乏自信。长期面临阅读困难的个体可能逐渐失去自信。他们可能对自己的阅读能力产生怀疑，认为自己无法克服这些困难，从而产生自我否定。这会导致他们在面对阅读任务时更加缺乏主动性和积极性。

5. 视觉、动作失调。一些阅读困难者可能出现视觉、动作失调的症状。他们可能在书写或打字时出现手眼不协调的情况。这种现象在我们的学习困难门诊很常见。有一名小学生在写字时经常出现笔画不连贯或字迹潦草的情况。他的手指和手腕似乎无法协调地完成书写动作，导致写出的字难以辨认。这种视觉、动作失调可能进一步加剧他的阅读困难和学习问题。

阅读困难的诊断与评估

一、诊断流程

1. 初步筛查。可以基于个体的基本信息、学习历史，以及家长和教师的观察报告，进行初步筛查。比如，一名小学生在学校表现出阅读困难的症状，老师与家长进行了沟通，并收集了相关信息。经过初步筛查，老师认为该学生可能存在阅读困难问题，并建议进行进一步评估，然后推荐到我们学习困难门诊。

2. 全面评估。采用标准化测试、临床访谈等方法进行全面评估，以确诊阅读困难。上面这名小学生接受了全面的阅读困难评估。评估内容包括阅读理解能力测试、拼写能力测试、临床访谈等。最终，评估结果确认该学生患有阅读困难。

3. 排除其他因素。通过医学检查和评估，排除其他可能导致类似症状的情况。比如，医生对上例中的学生进行了全面的医学检查，以排除其他潜在的健康问题，最终确认该学生的阅读困难并非由其他健康问题导致。

二、评估工具

1. 标准化测试。使用经过严格设计和验证的标准化测试，评估个体的阅读水平和相关能力。在评估过程中，上例中的小学生接受了阅读能力测试等标准化测试。这些测试可以帮助评估人员全面了解该学生的阅读水平和相关能力。

2. 非正式评估。通过观察个体在阅读时的表现、与个体进行对话等方式，进行非正式评估。在上例中，我们除了进行标准化测试，还观察了该学生在阅读课文时的表现，并与他进行了对话。这些非正式评估提供了更加直观和个性化的信息，有助于制订治疗方案和教育计划。

3. 神经心理评估。在评估过程中，我们还对该学生进行了神经心理评估，以全面了解他的大脑功能和认知加工能力。这些评估结果有助于揭示阅读困难的神经生物学基础，可为制订有效的治疗方案提供科学依据。

三、评估标准

阅读困难的评估标准通常包括阅读水平明显低于同龄儿童、存在持续性的阅读困难、排除其他因素导致的阅读困难、存在与阅读困难相关的其他症状等。

根据以上标准，综合评估结果，我们可以确认个体是否患有阅读困难。

阅读困难的教育干预与治疗策略

一、教育干预

1. 制订个性化教学方案。根据孩子的阅读水平和兴趣定制阅读材料、活动和方法，以满足个性化需求。比如，针对前文所讲的小学生的阅读困难问题，我们为他制订了个性化的教学计划。计划主要包括选择适合他阅读水平的书和文章，以及有趣且富有挑战性的阅读活动和方法。目的是激发他的阅读兴趣，提高他的阅读能力。

2. 多感官层面的教学。利用视觉、听觉、触觉等多种感官刺激增强孩子的阅读体验和理解能力。例如，使用彩色图片和音频材料辅助阅读，设计相关实践活动加深孩子对文本内容的理解，等等。

3. 逐步引导与练习。从简单的阅读材料开始，引导孩子慢慢建立阅读自信心，增强阅读技能，并逐步挑战更高难度的内容。通过我们的逐步引导和练习，上文的小学生阅读能力和自信心得到了显著提高。

4. 合作学习与小组活动。通过合作学习与小组活动，为孩子提供相互支持和协作的机会，以帮助他们共同克服阅读困难。我们经常组织团体活动，让孩子参加阅读小组活动，并在小组活动中引导他们分享阅读经验，互相纠正错误，相互鼓励和支持。这种合作学习与小组活动，有助于孩子更好地融入阅读环境并提高阅读能力。

二、治疗策略

1. 言语—语言治疗。练习口语表达、增强语音意识、提升词汇扩展能力等可以改善孩子的语言处理能力和发音准确性。这样，孩子可以更好地理解和使用书面语言。

2. 认知行为疗法。帮助孩子识别和改变消极的思维模式和行为习惯，可以让孩子建立积极的阅读态度，提高自我效能感。治疗过程中，治疗师会帮助孩子识别、改变消极的阅读态度和思维模式，如焦虑、恐惧等，并会鼓励孩子采取积极的行动来提高阅读能力和自信心。

3. 药物治疗（必要时）。在某些情况下，医生可能会使用药物来减轻阅读困难者的症状。这通常是教育干预和治疗策略的辅助手段。需要注意的是，药物治疗应在医生指导下进行。

4. 神经反馈训练。利用大脑活动的实时反馈帮助孩子调节和控制大脑功能，从而增强注意力，提高阅读速度和准确性，改善阅读困难问题。

第三章

数学学习困难以及应对策略

数学学习困难的定义

数学学习困难是一种十分复杂的学习困难。它会影响孩子在数学领域的学习和发展。数学学习困难，也称数学学习障碍或数学失能，是指个体在数学概念理解、运算能力、逻辑推理、问题解决等方面存在显著困难，而且这些困难无法通过常规的教育方法得到有效改善。

数学学习困难者在智力方面通常是正常的，但在数学领域的表现明显落后于同龄人。这种困难不仅影响孩子的学习成绩，还可能对其自信心、学习态度以及未来的职业发展产生深远影响。

数学学习困难的形成原因

数学学习困难的原因是多方面的，涉及生物学、心理学、教育学、社会文化等多个领域。以下是对数学学习困难原因的详细探讨。

一、生物学因素

1. 脑结构与功能异常。比如，顶叶功能障碍。大脑顶叶是负责数量表征、空间推理、数学运算的重要区域。研究表明，数学学习困难个体的顶叶区域可能存在结构或功能上的异常。例如，顶叶灰质体积小、神经连接异常等都可能影响数学能力的发展。

2. 遗传因素。遗传因素在数学学习困难的发生中起着重要作用。研究人员已经发现了一些与数学学习困难相关的基因变异，这些变异可能通过影响大脑的发育和功能导致数学学习困难。

3. 神经递质失衡。大脑的神经递质在调节认知功能、情绪、行为等方面起着重要作用。一些研究表明，数学学习困难与大脑中多巴胺、去甲肾上腺素等神经递质的失衡有关。这些神经递质的失衡会影响孩子的注意力、工作记忆以及数学信息处理能力。

4. 早期脑发育异常。个体在婴幼儿时期的脑发育异常可能导致未来的数学学习困难。例如，孕期缺氧、早产、脑损伤等都可能影响大脑数学相关区域的正常发育。

二、心理学因素

1. 认知加工缺陷。(1) 数感薄弱。数感是指个体对数量、数字以及数学关系的直观理解和感知能力。数学学习困难者往往缺乏良好的数感，无法准确理解数量、数字以及它们之间的关系。例如，他们可能无法快速比较两堆物体的数量差异，或者无法理解分数、百分数等数学概念。(2) 工作记忆容量有限。工作记忆是大脑暂时存储和处理信息的能力。数学学习困难者的工作记忆容量有限，他们无法同时处理多个数学信息或步骤。这导致他们在解决复杂数学问题时出现困难，例如无法记住多个计算步骤或无法同时处理多个数学问题。

2. 元认知能力缺失。元认知是指个体对自己认知过程的监控和调节能力。数学学习困难者缺乏元认知能力，无法有效地监控自己的数学学习过程并调整学习策略。例如，他们可能无法判断自己的解题方法是否正确，或者无法及时发现并纠正自己的错误。

3. 情绪与动机问题。长期面临数学学习困难的孩子会产生自卑、焦虑、抑郁等情绪问题。这些情绪问题可能进一步影响他们的数学学习兴趣和动力。例如，他们可能对数学产生恐惧或厌恶情绪，逃避数学活动或练习。

三、学习因素

1. 基础技能薄弱。数学是一门需要不断积累基础知识的学科。如果孩子在早期没有掌握必要的数学基础知识和技能（如十进制计数系统、乘法表等），那么他们在后续的数学学习中就可能面临困难。

2. 评估方式单一。当前的数学教育评估方式往往过于注重纸笔测试或标准化考试成绩，忽视数学实践能力、创新能力和问题解决能力的评估。这种单一的评估方式可能无法全面评估数学学习困难孩子的真实水平和发展潜力。

四、环境因素

1. 家庭环境压力。家庭环境对孩子的数学学习具有重要影响。如果家长对孩子的数学成绩有过高的期望或采用惩罚性的教育方式，那么孩子可能会感觉到很大的学习压力并产生负面情绪。这可能进一步加剧孩子的数学学习困难。

2. 文化差异。不同文化背景下的数学符号和术语存在差异。例如，中文环境的数学符号和术语与英文环境有所不同。这种差异对数学学习困难者可能是额外挑战。

下面，我们来看一个案例。小学生小曼在数学学习中遇到了很大的困难。尽管她努力尝试提高自己的数学成绩，但效果并不显著。我们对小曼进行数学能力测试后发现了一些问题。她在数学概念理解方面存在困难，例如她无法理解分数和小数的意义和运算规则。在运算能力方面，她经常出现进位和借位错误，尤其是在进行多位数加减法运算时。在逻辑推理和问题解决方面，她缺乏灵活性和创新性，只能通过机械的记忆和重复的方法解决问题。此外，她在数学课上有不专注、分心等情况。她的数学焦虑也很严重，每次面对数学任务时她都会感到紧张和不安。这些问题严重影响了她的数学学习和自信心的发展。

数学学习困难的具体表现

数学学习困难的具体表现是多种多样的，涉及数学概念理解、运算能力、逻辑推理、问题解决等多个方面。以下是对数学学习困难具体表现的详细探讨。

一、数学概念理解困难

1. 数感薄弱。数学学习困难者往往缺乏良好的数感，无法准确理解数量、数字以及它们之间的关系。例如，他们可能无法快速比较两堆物体的数量差异，或者无法准确估计物体的尺寸和重量。

2. 分数与小数理解困难。分数和小数是数学中的基本概念，但对于数学学习困难者来说，他们可能难以理解和应用。例如，他们可能无法正确比较分数的大小，或者无法换算分数与小数。

3. 比例与百分比理解困难。比例和百分比是数学中常用的表示数量关系的方式，但对于数学学习困难者来说，他们可能难以理解。例如，他们可能无法准确计算百分比或应用比例关系解决问题。

二、数学运算困难

1. 加减法运算困难。数学学习困难者在进行加减法运算时，经常出现进位和借位错误。例如，他们可能在计算多位数加减法时忘记进位或借位，导致结果错误。

2. 乘除法运算困难。乘除法运算需要更好的数学能力和注意力。数学学习困难者在进行乘除法运算时，可能出现乘法口诀记错、除法试商困难等问题。

3. 分数与小数运算困难。对于数学学习困难者来说，分数和小数的运算可能更加困难。他们可能在进行分数加减乘除运算时出现混淆分子分母、忘记通分等问题，在进行小数运算时出现小数点对齐错误、忘记进位或借位等问题。

三、逻辑推理与问题解决困难

1. 逻辑推理困难。逻辑推理是数学学习的基础能力之一。数学学习困难者在逻辑推理方面可能存在困难，往往无法根据已知条件推导出正确的结论。例如，他们可能无法理解题目中的逻辑关系，或无法应用逻辑推理方法解决问题。

2. 问题解决策略单一。数学学习困难者在解决数学问题时，往往采用单一的策略和方法，缺乏灵活性和创新性。例如，他们可能只会使用机械的记忆和重复的方法解决问题，而无法根据问题的具体情况选择合适的解题策略。

3. 应用题解析困难。应用题是将数学知识应用于实际情境的题目。数学学习困难者在解析应用题时可能存在困难，无法准确理解题目中的数学信息和关系。例如，他们可能无法从题目中提取关键的数学信息，或无法将数学信息与实际情境相结合。

数学学习困难伴随的行为情绪问题

一、逃避数学任务

由于长期面临数学学习困难和学习挫败感，数学学习困难者可能逐渐对数学产生逃避和厌恶情绪。他们可能逃避数学活动或练习，甚至在数学课堂上表现出不专注、分心等行为。

二、数学焦虑

数学焦虑是指个体在面对数学任务时会产生紧张、不安、恐惧等负面情绪。数学学习困难者往往存在较高的数学焦虑水平，这种焦虑情绪可能进一步影响他们的数学学习和相关表现。

三、自信心不足

长期面临数学学习困难和相关挫败感可能导致数学学习困难者自信心下降。他们可能对自己的数学能力产生怀疑和否定，从而对自我也产生怀疑和否定，认为自己无法学好数学或无法在数学方面取得成功，甚至认为自己没有资格成功。

数学学习困难的评估诊断流程

评估诊断数学学习困难是一个系统而复杂的过程，需要综合考虑多方面的信息。以下是典型的数学学习困难的评估诊断流程。

一、初步筛查

通过标准化的数学能力测试（如韦氏个体成就测验、伍德库克－约翰逊认知能力测试等）对孩子的数学水平进行初步评估。同时，收集孩子的基本信息（如年龄、年级、学习成绩等）和家庭背景信息（如家庭环境、父母受教育程度等）。

二、详细评估

对初步筛查中表现异常的孩子进行更详细的评估。这是对孩子数学能力、认知能力、情绪状态等进行的全面评估。常用的评估工具包括认知评估量表（如韦氏儿童智力量表、瑞文推理测验等)、情绪评估量表(如焦虑自评量表、抑郁自评量表等)以及数学特定评估工具(如数学运算流畅性测试、数学问题解决能力测试等)。

三、排除其他因素

在评估过程中，需要排除其他可能影响数学学习的因素。这包括智力障碍、感官缺陷(如视力、听力问题)、情绪障碍、其他神经发育疾病等。也就是说，通过专业的医学检查和神经心理学评估来确定这些因素是否存在。

四、综合评估

根据评估结果，并排除其他因素后，综合判断孩子是否存在数学学习困难。如果孩子的数学能力显著低于同龄人，且无法通过常规教育方法得到有效改善，同时排除了其他可能影响数学学习的因素，则可以评估为数学学习困难。

数学学习困难的干预

可以根据诊断结果和孩子的具体情况，制订个性化的干预计划。这包括确定干预目标、选择干预方法、安排干预时间和频率等。同时，要与家长、教师和其他相关人员进行沟通，共同为孩子的数学学习提供支持。

例如，小明在初步筛查中被发现数学成绩显著低于同龄人平均水平。随后，他接受了详细的评估，如数学能力测试、认知能力评估、情绪状态评估等。评估结果显示，小明的数学能力明显低于同龄人的平均水平，而且他在工作记忆、逻辑推理等方面存在显著困难。同时，评估团队排除了智力障碍、感官缺陷、其他神经发育疾病等因素。最终，小明被诊断患有数学学习困难。根据诊断结果，教育专家为小明制订了个性化的干预计划，其中包括采用多感官教学法加强数学概念的理解、通过游戏化训练提高数学运算能力等。

针对数学学习困难者，可以采用多种干预方法提高他们的数学能力和学习兴趣。以下是一些常用的干预方法。

一、多感官教学法

多感官教学法是一种通过视觉、听觉、触觉等多种感官刺激帮助孩子理解和记忆数学概念的方法。例如：使用实物模型、图形图表、动画视频等视觉材料解释数学概念；通过朗读、唱歌等方式加强数学术语的记忆；通过动手操作、实验等方式体验数学原理；等等。这种方法可以帮助孩子更直观地理解数学概念，提高学习兴趣和参与度。

二、个性化教学

个性化教学是一种根据孩子的个体差异和需求制订教学计划和方法的教学策略。对于数学学习困难者，可以采用个性化教学，针对他们的具体困难进行有针对性的辅导和训练。例如：针对工作记忆容量有限的孩子，可以采用分步骤的教学方法逐步提高他们的数学能力；针对存在逻辑推理困难的孩子，可以通过额外的逻辑训练和指导，帮助他们提高逻辑推理能力。

三、游戏化学习

游戏化学习是一种将数学知识和技能融入游戏的学习方法。游戏化的学习方式，可以激发孩子的学习兴趣和动力，提高他们数学学习的积极性和参与度。例如，可以设计一些与数学相关的游戏或应用程序，让孩子在游戏中学习数学知识、解决数学问题。这种方法可以使数学学习变得更加有趣，有助于提高孩子的数学能力和学习兴趣。

四、情绪与动机干预

针对数学学习困难者存在的情绪与动机问题，可以采用情绪与动机干预帮助他们建立积极的学习态度和动机。例如：通过心理咨询、认知行为疗法等，帮助孩子缓解数学焦虑、提高自信心和自我效能感；通过奖励机制、正面反馈等方式，激发孩子的学习动力和兴趣。这些方法可以帮助孩子建立积极的学习态度和动机，提高他们的数学学习兴趣和参与度。

五、家校合作

家校合作是一种将家庭和学校紧密联系起来共同支持孩子学习的方法。对于数学学习困难孩子来说，家校合作可以提供更加全面和个性化的支持。例如：家长可以与教师保持密切沟通，了解孩子的学习情况和进展；教师可以向家长提供有关数学学习的建议和指导；家长和教师可以共同制订个性化的学习计划和方法。总之，家校合作，可以为数学学习困难孩子提供更加全面和个性化的支持，帮助他们克服学习困难、提高数学能力。

第四章

书写困难以及应对策略

书写困难的定义

书写困难，又称书写障碍，是一种特定的学习困难。具体表现是个体的书写水平显著低于与其年龄、智力和教育水平相对应的预期标准。其核心特征包括字迹潦草、笔画及结构混乱、拼写错误频发、书写速度过慢，以及难以通过书面形式有效表达思想。根据《国际疾病分类》（第 11 版）和《精神障碍诊断与统计手册》(第 5 版)，书写困难属于神经发育障碍范畴，通常与大脑处理视觉、运动和语言信息的异常有关，且独立于智力缺陷或教育缺失。

值得注意的是，书写困难与书写痉挛症（因神经或肌肉问题导致的书写动作障碍）不同，前者更多与认知和神经处理信息的异常有关，而后者属于生理性功能障碍。此外，书写困难常与阅读障碍或 ADHD 并存，需通过专业评估区分。

书写困难的形成原因

书写困难的形成是多种因素共同作用的结果，涉及生理、认知、心理、环境等多个维度。以下从生理与神经因素、认知与心理因素、环境与教育因素三方面展开详细分析，并结合典型案例给予说明。

一、生理与神经因素

生理与神经因素是书写困难的核心成因之一，具体包括大脑结构异常、运动功能缺陷及遗传易感性。

1. 大脑结构异常。书写过程需要大脑顶叶和前运动皮层协同工作。顶叶负责整合视觉空间信息（如字形结构），前运动皮层则负责规划手部动作。若这些区域灰质密度降低或神经元连接异常，会导致书写时无法准确将视觉符号转换为动作指令。例如，顶叶损伤者可能将“口”字写成闭合圆圈，而前运动皮层异常者则难以流畅衔接笔画。

例如，我们学习困难门诊有一名 7 岁儿童，他在脑成像检查中被发现顶叶灰质密度仅为同龄人平均水平的 70%。他书写中频繁出现镜像类错误（如将“人”写成“入”），且字间距十分混乱。经神经反馈训练后，他的顶叶激活增强，镜像类错误率降低 30%。

2. 运动功能缺陷。小脑功能异常或手部精细动作发育迟缓，会导致握笔姿势错误（如拇指内扣）、运笔力度不均（如线条抖动、断裂）。腕部肌肉力量不足还会影响书写耐力，例如，持续书写 10 分钟会导致手部疲劳加剧。

例如，学习困难门诊一名 7 岁半的男孩因小脑发育迟缓，握笔时手部肌肉过度紧张，书写 5 分钟折断笔芯 3 次。治疗师通过捏橡皮泥（增强握力）和九孔柱训练（提升协调性）帮助他，3 个月后其书写连贯性显著改善，折断笔芯频率降至每月 1 次。

3. 遗传易感性。基因研究显示，*DCDC2*、*KIAA0319* 等基因突变可能干扰神经迁移和突触可塑性，导致书写相关脑区（如角回）发育滞后。有家族读写障碍史的儿童，书写困难发生风险较普通儿童高 3 倍。

例如，一对同卵双胞胎均出现书写困难，其父亲幼年时被诊断患有阅读障碍。基因检测发现两人均携带 *KIAA0319* 基因杂合突变。通过早期干预（如多感官教学），他们的书写能力大幅改善。

二、认知与心理因素

书写困难与认知能力、情绪动机密切相关，具体表现为视觉—运动整合障碍、工作记忆不足及心理行为异常。

1. 视觉—运动整合障碍。书写时，视觉信息（如文字形态）需转化为手部动作指令。若动作整合能力不足，会导致笔画顺序错误或空间布局混乱。例如，儿童可能将上下结构的字写成左右结构，或无法在田字格里整齐书写。

例如，一名 9 岁女孩视觉—运动整合测试得分仅为同龄人的 40%，她抄写时频繁将“晴”的“日”部写在右侧。通过我们的沙盘描字训练（触觉强化）和动态临摹训练（视觉反馈），3 个月后她的书写结构错误率从 50% 降至 15%。

2. 工作记忆不足。工作记忆容量有限的孩子，书写时难以同时处理拼写、语法和内容组织。例如，造句时顾此失彼，常出现主谓不一致或标点缺失。

例如，一名四年级学生在数字广度测验中仅能记住 3 个数字，听写数字时常遗漏 60% 的内容。我们的治疗师采用分段书写策略（如先写主干再补充细节）和记忆卡片游戏进行针对性训练，6 个月后其听写准确率提升至 85%。

3. 心理行为异常。长期的挫败感会引发焦虑、自我否定，甚至躯体化症状，如手抖、腹痛等。部分孩子通过逃避书写任务（如故意弄丢作业本）缓解压力，会进一步加剧能力退化。

例如，一名 7 岁女孩因多次被批评“字丑”，出现书写前呕吐症状。我们用成功阶梯法对孩子进行心理干预。具体而言，就是将书写任务拆解为描红、抄写短句等小任务。孩子每完成一个小任务，都会得到一定奖励。3 个月后其焦虑状况有所改善，作业完成率大幅提升。每天孩子脸上都会出现开心的笑容。

三、环境与教育因素

环境与教育因素通过影响早期经验积累和技能发展，间接导致或加重书写困难。

1. 早期教育缺失。过早要求书写速度（如幼儿园阶段限时抄写），忽视书写姿势和笔画规范性，可让孩子形成错误肌肉记忆，导致书写困难。例如，握笔过紧的孩子因手部疲劳可能加重书写潦草。

例如，一名 7 岁女孩，在学前班被强制每日抄写 100 个汉字，手部肌肉未充分发育导致手腕内旋。治疗师将训练任务进行调整，每日引导孩子进行 10 分钟描红练习，并引入握笔器矫正书写姿势。3 个月后，其字迹清晰度大幅提升，手腕疼痛大幅缓解。

2. 家庭支持不足。嘈杂的家庭环境会分散孩子的注意力，导致孩子出现书写问题。家长将书写困难归因于懒惰，采取惩罚措施（如错 1 个字抄 10 遍），会加剧孩子的抵触心理，从而加重书写困难。

例如，我们学习困难门诊一名 9 岁男孩因父母长期争吵，书写时注意力涣散，作业错误率高达 70%。我们对其父母进行了家庭治疗和家庭教育指导，并约定每日为孩子提供 1 小时安静的书写环境。治疗师还指导家长采用三明治反馈法（表扬—建议—鼓励）。2 个月后，孩子的作业完成率从 50% 提升至 90%，家庭冲突减少 60%。

书写困难的具体表现

书写困难的表现具有多样性和复杂性，涉及字形、书写过程、空间组织、语言表达、心理行为等多个维度。下面，我们结合科学机制、典型案例与干预策略，详细阐述书写困难的具体表现。

一、字形与结构异常

书写困难最直观的表现是字形结构混乱，本质是视觉—运动整合能力不足或神经发育异常导致的动作执行缺陷。

1. 字迹潦草难辨，笔画断裂或重叠。由于手部精细动作控制能力弱，孩子难以稳定运笔，导致笔画断裂、抖动或重叠。比如，书写“口”字时无法闭合四边，以致形成不规则的圆圈或三角形。

例如，门诊一名 8 岁男孩书写的“田”字，笔画交叉重叠，以致形成黑团。

2. 镜像书写与部件颠倒。顶叶发育异常可以导致空间方位感知错误，从而导致书写中常出现镜像翻转类错误，如将“b”写成“d”。

例如，一名 10 岁男孩总将“晴”字的“日”部置于“青”的右侧。脑成像检查发现其顶叶灰质密度比同龄人低 30%。

二、书写过程障碍

书写过程涉及动作规划、执行与协调，神经发育缺陷或肌肉控制问题会导致书写效率低下和生理疲劳。

1. 书写速度极慢与频繁修正。前运动皮层功能异常可以导致动作序列规划困难。书写者需反复停顿，调整笔画顺序或字形结构，书写一个简单汉字耗时几乎是同龄人的 3 倍。

例如，学习困难门诊一名四年级男孩书写 50 字句子需 40 分钟，每写 3 ~ 4 个字便用橡皮擦除重写，作业本上布满擦痕。

2. 手部疲劳与姿势代偿。小脑或基底节功能异常可导致手部肌肉张力失调，表现为握笔过紧（虎口发白）、手腕内旋或身体姿势代偿。

例如，学习困难门诊一名 7 岁男孩书写时握笔力度过大，书写 10 分钟手部便会颤抖，他被迫用左手按压右腕以维持书写姿势。

三、空间与组织问题

书写困难儿童常因视觉空间处理能力不足，无法有效规划页面布局与书写逻辑。

1. 字间距不均与行距混乱。顶叶与枕叶协同功能异常，可导致孩子无法感知字符间的空间关系。例如，字间距忽宽忽窄，行距如波浪。

例如，门诊一名三年级学生的作文，首行字紧贴纸张上缘，末行字超出纸张下边界，且行间穿插涂鸦。

2. 内容组织混乱。工作记忆容量有限导致孩子无法同时处理字形、语法与逻辑。他们的作文中常出现句子重复、段落跳跃或主题偏离。

例如，学习困难门诊一名五年级男孩写“我的假期”时，首段描述游玩，第二段突然插入早餐内容，且无过渡句。

四、拼写与语法错误

书写困难常伴随语言处理缺陷，具体表现为字形记忆错误与语法规则混乱。

1. 拼写错误。颞叶与角回区功能异常，会导致字形—语音对应关系错乱，比如，将“高低”写成“高短”，将“互相”写成“互香”。

例如，一个 8 岁的男孩，在听写“休息”时，连续 3 次写成“体息”，在老师强调后仍无法纠正。

2. 语法混乱与标点缺失。前额叶执行能力不足，可能让孩子无法兼顾拼写与语法规则，具体表现为句子缺主语、动词时态错误或全篇无标点。

例如，门诊一个四年级学生在作文中写道：“昨天我去公园玩很开心看到花开了很多。”

五、伴随症状

书写困难常引发心理与行为问题，甚至形成“能力不足—挫败感—回避行为”的恶性循环。

1. 情绪波动与躯体化反应。长期挫败会激活杏仁核，引发孩子的焦虑、愤怒情绪，或躯体症状，如手抖、腹痛等。

例如，学习困难门诊一个 10 岁女孩，因为作业多次被老师和家长批评，每次提笔都会呕吐。心理评估显示，其焦虑水平达重度。

2. 逃避书写任务。习得性无助会导致孩子通过拖延、假装生病或破坏文具（如折断笔）回避书写。

例如，一个四年级的孩子故意将作业本撕碎，丢入垃圾桶，声称“被风吹走”，家长发现其书包内还藏有 3 本未完成的练习册。

六、不良行为

书写困难可能衍生多种行为问题，进一步阻碍学习与社交发展。

1. 注意力分散与多动。孩子会因书写吃力而频繁分心，如东张西望、摆弄文具或离开座位。研究显示，30% 的书写困难儿童患有 ADHD。

例如，门诊一个一年级的孩子在书写课上常用草稿纸折纸飞机，经老师提醒，他仍无法持续专注超过 2 分钟。

2. 破坏性行为。孩子会通过撕毁作业本、折断笔、与同学起冲突等方式转移对书写失败的关注。

例如，门诊一个三年级的孩子常因为书写问题被同学嘲笑，他便经常故意用马克笔涂抹同学的作业本，从而引发冲突。

3. 社交退缩与自我否定。孩子可能因为书写能力差而回避小组活动，拒绝展示作业，甚至认为自己“笨”“没用”等。

例如，一个孩子将自己的作文本揉成团塞进垃圾桶，说“我永远写不好”，并且拒绝与同学交流。

4. 学业全面落后。孩子可能因为书写耗时长、错误多，做数学应用题时无法完整列式，考试时难以完成作文，而对学习失去兴趣。这可能导致学业全面落后于同龄人。

例如，一个四年级的孩子，很喜欢数学，但常因无法工整书写计算步骤被扣分。

5. 躯体代偿行为。比如，孩子可能会用牙齿咬住笔杆，用下巴压住书写纸，蜷缩身体贴近桌面，以代偿手部控制不足。

例如，一个三年级的男孩，在书写时常将整个上身伏在桌上，导致脊柱侧弯，体态评估结果为异常。

书写困难的诊断与评估

书写困难的诊断与评估需多学科协作，应结合医学、心理学、教育学等多维度工具和方法，全面分析个体的生理、认知及环境因素。

一、诊断流程

书写困难的诊断需遵循排除性与综合性原则，分阶段排除其他干扰因素，最终确认核心障碍。

临床医学评估

目的是排除器质性病变（如脑损伤、癫痫）及运动功能障碍。主要的神经功能检查包括以下两项。

1. 脑电图。可以检测大脑异常放电，排除癫痫或脑炎后遗症。例如，一个孩子因书写时手部抽搐接受检查，被发现颞叶异常放电，确诊癫痫继发性书写困难。

2. 功能性磁共振成像。可以观察书写相关脑区（顶叶、前运动皮层）的激活状态。研究发现，书写困难者顶叶灰质密度较常人低 15% ~ 30%，影响视觉—运动整合功能。

运动功能测试

相关测试如下。

1. 九孔柱测试。要求儿童在 30 秒内将小木棒插入九孔板，评估手部协调性。例如，一名 7 岁儿童完成度仅为同龄人的 50%，被评估为发育迟缓。

2. Peabody 动作发展测验。适用于学龄前儿童。系统评估精细动作能力，如握笔姿势、手指分化。例如，一个孩子因手部肌肉张力异常，握笔时虎口发白，经测验确认精细动作能力水平远低于同龄人平均水平。

心理与认知评估

目的是确认智力水平与书写能力的关系，分析认知缺陷。标准化测验如下。

1. 韦氏儿童智力测试。确认智力是否正常。例如，一个 8 岁孩子经测验智力正常，但书写能力仅达 6 岁水平，符合书写困难诊断标准。

2. 书写能力测试。检测书写中字形、语法、内容组织等维度的得分。比如，有书写困难者“字形规范性”项目得分远低于同龄人平均水平。

工作记忆测试

1. 数字广度测验。随机复述数字序列。例如，一个 7 岁孩子仅能记忆 3 个数字，导致书写时遗漏关键信息。

2. 视觉记忆任务。通过图形复现测试空间记忆能力。例如，一个一年级孩子无法正确复现田字格结构，导致字间距混乱。

教育学评估

目的是观察孩子在自然情境下的书写表现，分析错误模式。

1. 动态观察。观察握笔姿势与身体代偿情况，记录孩子书写时的异常姿势，如握笔过紧、身体前倾。例如，一个三年级孩子手腕内旋导致字迹倾斜，经视频分析确认姿势异常。

2. 错误类型统计。分类记录笔画断裂、镜像字、拼写错误等。例如，经过错误统计，我们发现一个四年级孩子作业中镜像字占比 30%，拼写错误率高达 50%。

作品分析

主要分析书写速度与错误率，统计单位时间内的书写字数及错误率。例如，一个五年级孩子每分钟仅能写 8 个字，错误率更是高达 40%。

鉴别诊断

目的是排除其他可能影响书写的障碍。

1. 视力与听力筛查。通过视力、听力测试排除感官缺陷。例如，一个 8 岁的孩子因未矫正散光，书写中常出现字迹重叠，配镜后书写清晰度提升 60%。

2. ADHD 评估。使用 SNAP 量表评估 ADHD。约 30% 的书写困难者存在 ADHD，需优先干预注意力问题。

3. 情绪障碍筛查。使用儿童焦虑量表评估焦虑水平。例如，一个四年级男孩，因为书写挫败感导致焦虑水平达到重度，需同步进行心理干预。

二、评估工具

书写困难的评估需整合医学仪器、标准化量表及新兴技术工具，形成多模态评估体系。

医学评估工具

主要是神经功能检查工具。

1. 脑电图与功能性磁共振成像。用于检测脑电活动异常及书写相关脑区功能状态。

2. 经颅磁刺激。非侵入性刺激顶叶皮层，观察书写动作改善情况。一般用于康复效果评估。

运动功能评估工具

1. 九孔柱测试与握力计测试。主要用于手部协调性与肌力测试。

2. Peabody 动作发展测验。系统评估精细动作发展水平，适用于学龄前儿童。

心理与认知评估工具

主要是智力与书写能力测试工具。

1. 韦氏儿童智力量表与书面语言能力测验。用于确认智力与书写困难的关系。

2. 儿童困难问卷。用于评估书写困难对日常生活的影响，如作业拖延、社交回避等。

工作记忆与注意力评估工具

1. Corsi 积木敲击任务。用于评估视觉空间工作记忆，预测字间距控制能力。

2. 持续操作测验。用于检测注意力稳定性，排除 ADHD

的干扰。

动态观察记录工具

1. 书写过程录像分析。通过慢放与标记工具分析握笔姿势与运笔轨迹。例如，一名儿童书写时频繁停顿、修正，经录像分析确认每写 3 ~ 4 个字就会擦除重写。

2. AI 书法测评。扫描书写作品，评估字形规范性、笔画角度等。有案例显示，使用该工具 3 个月后，儿童字迹工整度提升 40%。

3. 语音转文字软件。可减轻书写负担，同时可用于评估口语表达与书面输出的差异。学习困难门诊的一名初一学生用这个工具写作文，语法错误减少 50%。

三、诊断标准

书写困难的诊断需遵循国际通用标准，同时考虑个体表现。

核心诊断标准

1. 能力—智力分离。书写能力显著低于与年龄、智力相对应的预期水平。

2. 持续性障碍。症状持续 6 个月以上，且不受教学干预影响。

3. 功能损害。对学业或日常生活造成实质性影响，如无法完成作业、社交回避等。

排除性标准

1. 排除感官缺陷。如，视力矫正后书写无改善，听力正常。

2. 排除神经疾病。如，无脑损伤、癫痫等器质性病变。

3. 排除情绪障碍。如，焦虑或抑郁非书写困难主因。

共病与亚型分类

1. ADHD 共病型诊断。需满足 SNAP 量表评分达到临床关注水平。例如，一名儿童因注意力分散，书写速度仅为同龄人的 50%，确诊 ADHD 共病。

2. 阅读障碍共病型诊断，即存在书写与阅读双重缺陷。例如，一名学生阅读速度不正常，同时默写错误率高达 60%。

3. 亚型分类。主要包括失用性书写困难（动作规划障碍，主要表现为笔画顺序错误）和语言性书写困难（语法混乱与内容组织缺陷）。例如，孩子将“口”字写成逆时针闭合圆圈。再如，一个四年级孩子的作文中句子重复率高达 50%，缺乏逻辑。

书写困难的诊断需多学科协作（如医学、心理学、教育学）和多模态评估（如仪器、量表、观察），并严格遵循能力—智力分离与排除性标准。新兴技术正逐步提升评估精度，但核心仍在于早期识别与个体化干预。

书写困难的教育干预与治疗策略

书写困难的干预需要结合生理、认知、心理及环境因素，采取多模态整合方案。

下面，我们从教育干预、康复治疗、心理干预与家校支持三个方面详细阐述具体干预和治疗策略，并结合案例予以说明。

一、教育干预策略

教育干预是书写困难治疗的核心，主要是通过科学方法降低书写压力，提升学习效率。

多感官教学法

通过视觉、听觉、触觉等感觉通道强化字形记忆，弥补单一感官处理信息的不足。具体实施方式如下。

1. 视觉辅助。使用彩色字卡强调笔画顺序，如红色的横、蓝色的竖等，帮助孩子建立笔画规则意识。我们门诊一个二年级的孩子通过颜色编码记忆“口”字四边闭合规则，之后笔画断裂率降低 40%。

2. 听觉整合。配合语音提示，如“先写撇，再写捺”，强化动作序列。一个四年级的孩子在听写时，同步播放笔顺口诀，书写错误减少 50%。

3. 触觉强化。利用沙盘练字，或利用触觉板描摹字形，增强肌肉记忆。一个 8 岁孩子经过沙盘练习 3 个月后，字间距均匀度提升 60%。

辅助技术应用

使用辅助工具降低书写负荷，使孩子尽可能专注于内容表达，而非动作执行。

1. 语音转文字软件。用口语输出辅助书面表达。门诊的一个初一学生通过一个月的训练，作文完成率提升 50%，语法错误大幅减少。

2. 电子书写工具。使用电子产品练习书写，可实时修正笔画类错误。一名六年级的学生通过 Procreate 软件练习，一个月后，书写质量大幅改善。

3. 握笔矫正器。可以通过调整握笔姿势增强手部本体觉输入。一个握笔过紧的孩子使用矫正器一个月后，手部疲劳感大幅降低。

作业调整

减少机械性书写任务，并要匹配孩子当下的能力。

1. 减量增效。比如，将抄写任务从 20 行缩减至 5 行。如此训练两个月后，门诊一名五年级学生作业完成率从 30% 提升至 90%。

2. 用选择题或口头报告替代长篇写作进行训练。一名五年级学生通过两个月的训练，作业正确率从 50% 提升至 85%。

3. 调整时间。案例显示，一名初一学生进行作文延时训练（从 30 分钟延长至 45 分钟）两个月后，作文内容完整性显著改善。

二、康复治疗

针对手部功能缺陷和神经发育异常，进行专业生理康复。

职业治疗

通过手部力量与精细动作训练，提升书写控制能力。

1. 手部力量训练。如，捏橡皮泥、用握力球增强腕力。学习困难门诊一名二年级的孩子，每日进行 15 分钟相关训练，3 个月后握笔稳定性提升 50%。

2. 精细动作练习。如，利用串珠、拼图训练，提升手指分化能力。门诊一名一年级的孩子基于串珠游戏进行手部协调性训练 3 个月，相关能力大大提升。

3. 姿势矫正。如，使用倾斜书写板调整身体代偿姿势。一名脊柱侧弯的三年级孩子使用倾斜板两个月后，书写姿势得到很好的调整。

生物反馈训练

利用相关设备实时监测生理指标，帮助孩子自主调节肌肉张力。

1. 肌电反馈。监测手部肌肉电信号，调整用力程度。一名初一学生通过肌电设备调整握笔力度，一个月后书写疲劳感大幅改善。

2. 神经反馈。强化顶叶与前运动皮层激活。一名二年级孩子经 3 个月专项强化运动训练后，顶叶灰质密度增加 10%，书写流畅性大幅提升。

三、心理干预与家校支持

心理干预与家校环境优化是打破“挫败感—逃避行为”恶性循环的关键。

认知行为疗法

消除消极认知，建立积极自我评价。

1. 成功日志。每日记录 3 项书写进步，如今天写了 5 个工整的字等。一个身处焦虑状态的六年级孩子通过两个月的训练，焦虑水平大幅降低。

2. 任务拆解。如，将作文拆分为开头、中间、结尾三部分，然后分步完成。一个六年级孩子经过分步写作训练 3 个月后，作文完整度从 30% 提升至 80%。

指导家长以支持性策略替代批评、指责，营造安全练习环境

1. 指导家长先表扬，如“这一行字间距很好”，再建议，如“下次注意撇的角度”，最后用鼓励的方法帮助孩子。一名 9 岁男孩基于这个方法练习两个月后，书写配合度提高 70%。

2. 指导家长设立家庭书写角，为孩子布置一个安静、光线充足的专用书写区域。据跟踪观察发现，干扰越少，孩子的作业错误率越低。

此外，还要提升教师对书写困难的早期识别与干预能力。

第五章

注意力缺陷型学习困难以及应对策略

注意力缺陷型学习困难的定义

注意力缺陷型学习困难是一种由注意缺陷多动障碍引发的学习功能受损现象。核心表现为持续性注意力不足、多动和冲动行为，这都可导致学习效率低下。

有这种问题的孩子即使智力正常，也会出现“高智商低成就”的学业状况。

例如，10 岁男孩小鹏在智商测试中表现正常，但是由于无法专注听讲、考试时频繁漏题等，他的各项成绩长期不及格。经诊断，他患有 ADHD 以及相关学习困难。

注意力缺陷型学习困难与一般学习困难的区别

注意力缺陷型学习困难与一般学习困难在核心缺陷、形成原因、表现方式、诊断标准、干预策略五方面存在显著差异。

一、两者核心缺陷的区别

注意力缺陷型学习困难的核心问题是注意缺陷多动障碍（ADHD）引发的注意力调控能力不足，进而导致信息处理效率低下。它的特点是注意力无法持续集中、多动、易冲动、任务完成困难等。

一般学习困难的核心问题是特定领域的神经功能异常，如阅读、书写、计算等能力显著低于预期水平，与注意力水平无关。它的特点是，个体在特定学科层面存在特异性学习缺陷，如阅读障碍者无法解码文字，而在其他领域表现正常。

二、两者形成原因的区别

注意力缺陷型学习困难的神经机制是前额叶—纹状体环路功能存在异常，多巴胺、去甲肾上腺素递质失衡，导致执行功能缺陷。它存在遗传性，*DRD4* 等基因突变可显著增加患病风险，一级亲属患病率是普通人群的 3 ～ 5 倍。

一般学习困难的神经机制是，特定脑区功能存在异常，如阅读障碍者左侧颞顶叶连接不足，影响特定功能。家族遗传集中于特定领域。如，有阅读障碍病史的家族，语言处理缺陷高发。

三、两者在表现方式上的区别

注意力缺陷型学习困难存在跨学科波动性。孩子在所有学科均可能因注意力分散遭遇学习问题。它也存在情境依赖性，孩子在趣味性强的活动中或一对一辅导中表现较好，而在课堂等开放环境中表现较差。

一般学习困难存在学科特异性，孩子仅仅在特定领域持续表现不佳。如，阅读障碍者语文成绩较差，数学成绩正常。它也具有一定稳定性。无论环境如何调整（如延长考试时间），特定错误模式（如镜像书写）始终存在。

四、两者诊断标准的区别

注意力缺陷型学习困难的诊断

1. 诊断方式。需使用注意缺陷多动障碍筛查量表评估注意力与多动症状，并结合脑成像检查结果确认前额叶激活是否不足。

2. 核心指标。注意力水平远低于同龄人，且智力正常。

一般学习困难的诊断

1. 诊断方式。通过学科专项测试，确认特定技能缺陷。

2. 核心指标。特定学科成绩远低于智力预期，且排除注意力问题。

五、两者在干预策略上的区别

注意力缺陷型学习困难的核心干预

1. 药物治疗。用中枢神经兴奋剂（如哌甲酯）调节多巴胺水平，改善注意力持续性。

2. 行为训练。用正向强化法提升任务完成动机。如，孩子完成作业，要给予奖励。

一般学习困难的核心干预

1. 技能补偿训练。如，通过多感官教学法（如语音—字形关联训练），帮助阅读障碍者进行训练。

2. 使用辅助技术。如，让计算障碍者使用计算器。

注意力缺陷型学习困难的形成原因

注意力缺陷型学习困难的形成是神经发育异常、环境与心理因素及其他生理因素交互作用的结果。下面我们结合案例，从三个维度详细阐述其成因。

一、神经发育异常

前额叶—纹状体环路功能失调

前额叶—纹状体环路是大脑执行功能的核心网络，负责注意力调控、冲动抑制、工作记忆等高阶认知活动。一般而言，ADHD 患者该环路存在以下异常。

1. 神经元连接异常。前额叶与纹状体之间的突触传递效率低下，导致信息整合能力不足。如果前额叶皮层多巴胺能神经元密度降低 20% ~ 30%，将会影响注意力持续性。

2. 脑区激活不足。研究显示，在执行相关任务时，ADHD

儿童前额叶皮层血流量（非绝对血流量）仅为正常儿童的60% ~ 70%，这会导致任务切换困难。

3. 遗传易感性。该症具有一定的遗传性。ADHD 患者的一级亲属患病风险是普通人群的3 ~ 5倍。若父母中一方患病，子女遗传概率为 15% ~ 25%（母亲患病时更高）。若父母双方患病，子女遗传概率升至 50% ~ 70%，双亲症状持续至成年时，遗传概率更高。当然，这是遗传与环境交互作用的结果，并非单由遗传决定。

例如，一个 7 岁女孩确诊 ADHD，其父亲幼年时因多动症接受过治疗。基因检测结果显示，两人均携带相关基因突变。

二、环境与心理因素

家庭环境干扰

1. 高冲突家庭氛围。父母频繁争吵或过度批评孩子会激活孩子的应激系统（如下丘脑—垂体—肾上腺轴），导致皮质醇水平升高，损害前额叶功能。

2. 环境噪声干扰。嘈杂的家庭环境（如电视声、多孩家庭的哭闹等）会分散孩子注意力，降低学习效率。研究表明，噪声环境下 ADHD 孩子的作业错误率相对更高。

例如，学习困难门诊一名 8 岁女孩的父母经常争吵，家庭冲突评分达重度水平，其课堂专注时间仅为 5 分钟。经过家庭治疗后，父母冲突减少，孩子注意力持续时间延长至 10 分钟。

教育方式不当

1. 过早强调速度。要求低龄孩子限时完成作业，会引发焦虑情绪，抑制前额叶功能。例如，一名一年级学生经常被要求 5 分钟内完成 20 道口算题，错误率高达 70%。

2. 惩罚性教育。频繁批评或体罚会降低孩子的自我效能感，诱发习得性无助。研究表明，在惩罚性教育下，ADHD 儿童作业逃避行为发生率相对更高。

例如，学习困难门诊一名 10 岁男孩因每天需抄写 200 个生字（远超同龄孩子的作业量），慢慢出现撕毁作业本、拒学等行为。家长和老师之后调整任务——每日写 50 个重点字，一个月后其作业完成率从 30% 提升至 90%。

心理因素

1. 情绪调节障碍。ADHD 儿童杏仁核过度激活，会导致情绪波动剧烈。例如，有资料显示，考试焦虑发生时，孩子杏仁核活动水平较常人高 40%，会抑制前额叶理性决策能力。

2. 自我认知偏差。长期学业挫败可使孩子形成“我不行”的消极自我认知，进一步削弱学习动机。调查显示，75% 的

ADHD 儿童存在显著自卑倾向。

例如，学习困难门诊一名 12 岁男孩在多次考试中失败，自我评价为“班级最差生”，并出现逃学行为。通过两个月的认知行为治疗和沙盘治疗，他建立了积极的自我认知，数学成绩从 40 分提升至 75 分。

三、其他生理因素

微量元素缺乏

1. 铁元素缺乏。铁是合成多巴胺和去甲肾上腺素的关键原料。缺铁会导致多巴胺转运体功能异常，注意力持续时间缩短 50%。

例如，学习困难门诊一名 8 岁女孩，因挑食导致铁元素严重缺乏，上课时频繁走神。补铁治疗 3 个月后，其注意力测试得分大幅提升。

2. 锌元素缺乏。锌关系着神经递质受体的稳定表达。缺锌会降低前额叶谷氨酸能神经元活性，导致冲动行为增加。

睡眠不足

1. 慢波睡眠减少。ADHD 儿童的深度睡眠时长较常人少 20% ~ 30%，从而影响突触可塑性和记忆巩固。

2. 昼夜节律紊乱。这会造成褪黑素分泌延迟，导致入睡困难，次日晨间注意力水平下降 50%。研究显示，ADHD 儿童平均睡眠时间比同龄人少 1.5 小时。

例如，学习困难门诊一名初二学生因经常熬夜玩游戏，每日仅睡 5 ~ 6 小时（推荐 9 小时），课堂打盹儿频率高达每节课 3 次。接受心理沙盘治疗和家庭治疗后，他能够调整作息，每日睡眠至少 8 小时，课堂专注时间从 10 分钟延长至 25 分钟。

注意力缺陷型学习困难的具体表现

注意力缺陷型学习困难的表现具有多维性、持续性、矛盾性和情境依赖性的特点，其核心是注意力调控机制的失能对学习功能的系统性影响。它具体涉及注意力调控、行为控制、学业功能等多个层面。下面我们结合典型案例，从注意力不足、多动与冲动、学业功能受损三个维度详细阐述其具体表现。

一、注意力不足

注意力不足是注意力缺陷型学习困难的核心特征，表现为信息筛选、维持与转移的系统性缺陷。

课堂表现：信息接收与任务维持障碍

1. 听觉注意力缺陷。前额叶皮层对听觉信息的过滤功能不足，导致孩子无法屏蔽无关噪声（如教室外的脚步声），很容易受到外界声音的干扰，因而有效听讲时间有限。研究显示，

ADHD 儿童在嘈杂环境听觉信息接收率仅为正常儿童的 40%。

例如，学习困难门诊一名三年级男孩，因为经常听不到老师布置作业，所以经常不交作业。在观察室，我们发现孩子的有效听讲时间仅为 5 分钟（正常为 20 分钟），而且他常被窗外的鸟鸣声和其他声音吸引。

2. 视觉注意力缺陷。顶叶—枕叶通路激活不足，导致视觉信息整合困难。如，无法同时关注黑板文字与老师的手势。

例如，学习困难门诊一名五年级男孩，在数学课上经常遗漏板书步骤。在测试评估中，其解题跳步率高达 50%，作业错误率显著高于同龄人。

3. 任务维持困难。前额叶多巴胺水平低下，难以维持持续认知投入。如，孩子完成一篇 200 字作文过程中多次中断，总耗时 3 小时。

作业问题：太粗心、总出错与执行功能缺陷

1. 细节处理失误。纹状体功能异常导致自动化处理能力不足，高度依赖前额叶有意识监控，从而增加认知负荷。如，计算“23+15”时，孩子因注意力分散误算为“23+5=28”。

我们学习困难门诊一名五年级学生的数学作业中，简单加减法错误率高达 30%。

2. 任务转换困难。前扣带回激活延迟，导致难以在不同任

务间灵活切换。如，从应用题转向填空题时，错误率激增。

二、多动与冲动

多动与冲动行为反映了行为抑制功能的系统性缺陷，可进一步分为生理性多动与社交性冲动。

身体动作受限，运动控制失能

1. 不能保持安静端坐。研究显示，由于小脑—基底节环路调控异常，ADHD 儿童在课堂上经常有无意识的身体动作（如摇晃椅子、抖腿、离开座位），其频率是同龄人的 4 ～ 5 倍。

例如，学习困难门诊一名二年级男孩，据家长讲述，在学校每节课平均起身 3 次，需老师反复提醒才能够回座。

2. 精细动作过度。手部肌肉张力调节异常，可表现为频繁摆弄文具，如转笔、撕纸等。

例如，学习困难门诊一名三年级男孩，据家长讲述，经常在一节 40 分钟的课程中至少折断 2 支铅笔，在课本上涂鸦超过 20 处。

行为失控，社交规则内化失败

1. 冲动性应答。腹侧纹状体过度激活，强化寻求即时奖励，如为获得关注而抢答。学习困难门诊一名四年级男孩，据家长讲述，在课堂上每每老师提问还没有结束，就急于举手，甚至大声喊叫，导致其他同学无法参与讨论。

2. 规则破坏行为。由于眶额皮层抑制功能不足，孩子难以评估行为后果。例如，明知需排队，仍插队取餐。

三、学业功能受损

学业功能受损是注意力缺陷的直接后果，表现为学习效率、质量与成就显著异常。

速度与质量失衡：认知资源分配异常

1. 时间管理缺陷。由于前额叶计划功能不足，孩子无法合理分配时间。例如，将 70% 的写作文时间用于写开头。学习困难门诊一名六年级女孩，完成一篇 200 字作文用了 3 小时，其中 1.5 小时用于反复写第一段。

2. 任务优先级混乱。由于背外侧前额叶激活不足，孩子难以区分任务主次。例如，写作文时，花费 30 分钟美化作文标题而忽略内容。学习困难门诊一名初二男孩，在做数学作业的时候，经常因为某一道题耗费大量时间，从而完不成作业。

成绩波动：兴趣与认知负荷的交互作用

1. 高兴趣任务表现优异。由于兴趣可促进腹侧被盖区多巴胺释放，补偿前额叶功能不足，孩子会高度专注于一件事。

2. 低动机任务溃败。单调任务无法激活奖励系统，可能使孩子注意力涣散。例如，整个下午孩子都在抄写课文，但错误率高达 50%。

注意力缺陷型学习困难的诊断与评估

注意力缺陷型学习困难的诊断需基于多学科协作（医学、心理学、教育学）和多模态评估工具（仪器、量表、行为观察），全面分析个体的神经功能、认知能力及行为表现。下面我们结合典型案例，从诊断流程、评估工具、诊断标准三方面详细阐述。

一、诊断流程

需遵循排除性与综合性原则，分阶段排除其他干扰因素，最终确认核心障碍。

临床医学评估

排除器质性病变（如脑损伤、癫痫）及神经发育异常，确认注意力缺陷的生理基础。

1. 功能性磁共振成像。通过血氧水平依赖信号，观察前额叶皮层（负责注意力调控）的激活状态。研究表明，ADHD患儿在执行注意力相关任务时，前额叶血流量降低12% ~ 22%。

2. 脑电图检查。检测 θ 波和 β 波比值是否正常。ADHD患儿 θ 波与 β 波的比值可能 > 4.0。

3. 行为量表评估。主要使用SNAP量表评估。

心理与认知评估

主要是确认智力正常，并分析注意力、工作记忆等认知缺陷的严重程度。

1. 智力测试。用韦氏儿童智力量表评估总智商。ADHD患儿确诊需排除智力障碍。

例如，学习困难门诊一名9岁女孩，经测试智力正常，但工作记忆表现不佳，提示注意力相关认知缺陷。

2. 注意力专项测试。测试方式为持续操作测验。测试过程中，要求孩子对特定刺激（如字母X）做快速反应，检测错误率（漏击、误击）和反应时变异系数。ADHD患儿这两项均高于正常水平。

教育学评估

老师通过观察学生在自然情境下的学习表现，分析注意力缺陷对学业的具体影响。

1. 课堂观察记录。如，老师记录学生每节课的有效注意时长、分心行为频率及任务完成情况。

学习困难门诊一名三年级学生，据家长反馈及老师观察，平均每节课有效注意时长仅 5 分钟（正常 15 分钟），分心行为达每节课 10 次，作业漏题率 40%。

2. 作业分析。主要是统计错误类型，如粗心类错误（如计算符号遗漏）、知识性错误（如公式错误）的占比。ADHD 患儿粗心类错误常占 70% 以上。

学习困难门诊一名五年级学生的数学作业中，粗心类错误占 75%（如将“23+15”误算为“23+5=28”），知识性错误仅占 5%。

二、评估工具

注意力缺陷型学习困难的评估需结合医学仪器、标准化量表及行为观察工具，进行多模态、多维度评估。

医学评估工具

1. 功能性磁共振成像（fMRI）与弥散张量成像（DTI）。主要通过 fMRI 检测脑区激活水平，用 DTI 观察白质纤维束完整性。ADHD 患儿前额叶—纹状体白质连接较弱。

2. 电生理检测。通过检测 P300 波的相关情况，评估注意力资源分配效率。ADHD 患儿 P300 波潜伏期常延长 50 毫秒以上。

心理与认知评估工具

1. 剑桥认知测试系统（CANTAB）。测试内容包含空间工作记忆、停止信号任务等模块，目的是量化评估冲动抑制、工作记忆等能力。

2. Conners 量表。主要包括多动、学习、品行等维度的评估。

教育评估工具

1. 行为观察系统，如学习行为观察系统。孩子学习过程中，家长或者老师每 5 分钟记录一次孩子的注意力状态，如专注、分心、多动，并计算专注时间占比。学习困难门诊一名五年级孩子，据观察结果，专注时间占比仅 30%，分心行为占比 50%。

2. 学业成绩追踪，如学科能力曲线分析。具体方法是分析孩子各科成绩与智力预期的差距。ADHD 患儿常呈现“高智商低成就”状态。学习困难门诊一名 10 岁女孩，在 WISC 测试中总智商得分 110 分，但语文、数学成绩相较班级平均水平均低 20%。

三、诊断标准

诊断结果需符合国际通用诊断标准（如 DSM-5），同时要考虑个体临床表现。

DSM-5 要求，16 岁及 16 岁以下者至少有 6 项注意缺陷症状和（或）多动冲动症状，17 岁及 17 岁以上者至少有 5 项注意缺陷症状和（或）多动冲动症状，持续 6 个月以上。而且，一般是 12 岁发病，相关症状至少存在于 2 种场景之中。例如，一名五年级男孩，据测试结果，有 8 项注意力缺陷症状和 4 项多动症状，持续 10 个月。

功能性症状可导致学业、社交或家庭功能显著受损。例如，学习困难门诊一名 9 岁男孩，在课堂上经常干扰其他同学，因而被同学孤立，社交回避达重度水平。

另外，需排除其他精神障碍，如焦虑症、孤独症谱系障碍等。例如，学习困难门诊一名 9 岁男孩，初诊疑似患有 ADHD，同时儿童焦虑量表得分偏高，最终被诊断患有焦虑症共病 ADHD。

注意力缺陷型学习困难的教育干预与治疗策略

注意力缺陷型学习困难的干预需整合医学、教育学、心理学等多维度资源，针对核心缺陷（注意力调控失能、行为抑制不足）及功能损害（学业落后、情绪动机失衡）制订系统方案。下面我们结合案例跟踪与科学依据，从药物治疗、行为训练、家庭干预、认知行为治疗四方面详细阐述具体策略。

一、药物治疗

可以用哌甲酯，它能通过抑制多巴胺再摄取，增加前额叶皮层多巴胺浓度，改善注意力持续性与冲动控制。研究显示，短期有效率可达 70% ～ 80%。短效剂型（如利他林）需每日 2 ～ 3 次给药。长效缓释剂型（如专注达）单次给药可维持 12 小时，能降低漏服风险。

也可以用托莫西汀，它是选择性去甲肾上腺素再摄取抑制剂，但起效较慢。

需注意的是，要根据基因检测优化药物选择，以减少副作用。并且要长期监测，如每3个月评估一次身高、体重、心血管指标，避免生长抑制或心率异常。

二、行为训练

可采用正向强化法，通过即时奖励（如积分、特权）强化目标行为（如静坐、完成作业），增强行为动机。

具体操作方式是将大任务拆解为可量化的小目标，如静坐10分钟。

奖励机制可以自由制订。如，每完成1个目标奖励1积分，10积分可以兑换15分钟游戏时间。可以渐进升级，逐步提高目标难度，如从静坐10分钟延长至20分钟。

三、家庭干预

可以指导家长运用“三明治反馈法”回应孩子。如：表扬——“你今天按时写作业，做得很好”，建议——“你下次可以尝试先读题目再动笔”，鼓励——“我相信你明天会做得更棒”。

也要为孩子专门设立安静、无干扰的学习角，并配备计时器与任务清单。

四、认知行为治疗

任务拆解训练

将复杂任务拆解为可管理的子任务，降低执行功能负荷，减少挫败感。可以采用可视化方式拆分，如用流程图将作文任务分解为选题、列提纲、写开头、写主体、写结尾等。在此基础上，可以计时冲刺，如每个子任务限时 10 分钟，每完成一个子任务休息 2 分钟。

后期扩展训练

1. 认知重构。纠正完美主义思维，接受一点一点进步。

2. 写情绪日志。记录执行任务过程中的焦虑情绪，分析触发因素并制订应对策略。

第六章

学习方法不当型学习困难以及应对策略

学习方法不当型学习困难的定义

学习方法不当型学习困难是指学习策略选择或运用不当导致的学习效能低下。

这样的孩子智力正常、学习动机充足，但他们缺乏有效的认知策略，如时间管理、信息整合、记忆编码等，无法将知识转化为稳定且可迁移的学业成果。

其核心特征是高投入低产出，即学习耗时与成绩不成正比。

教导时，应从注重教知识转向注重教方法。

学习方法不当型学习困难的形成原因

学习方法不当型学习困难的成因涉及认知神经机制缺陷、家庭教育方式偏差、心理动力失衡三个层面的复杂交互。下面我们结合典型案例与实证研究，从三个维度详细阐释其形成原因。

一、认知与元认知缺陷

元认知策略缺失

元认知指个体对自身认知过程的监控与调节能力，包括计划、监控、评估三个阶段。元认知缺陷导致的学习困难有以下三大表现。

1. 计划阶段，无法制订合理的学习目标。例如，“今晚学习数学”而非“今晚完成数学作业”。

2. 监控阶段，缺乏自我觉察。例如，个体未意识到自己频繁走神、发呆。

3. 评估阶段，错误判断知识掌握程度。例如，个体自认为“已掌握”，但测试正确率仅 50%。

它的神经基础是这样的。背外侧前额叶皮层是元认知的核心脑区之一。研究显示，学习方法不当型学习困难者执行元认知任务时，背外侧前额叶皮层激活水平较常人低 30% ~ 40%，导致策略选择与调整能力低下。

学习困难门诊的高一学生小鑫，每天完成作业后，还要学习 3 小时，甚至影响了睡眠，但成绩并不好。小鑫在学习过程中有以下三个主要问题：计划缺陷，即目标模糊；监控缺陷，如无法觉察自己每 10 分钟就要切换一次学习内容；评估缺陷，即无法准确评估学习成果。

信息加工方式低效

这涉及从“机械输入”到“深度整合”的断裂。

信息加工分为浅层加工（机械记忆）与深层加工（意义建构）。此种学习困难者倾向于浅层加工，具体表现为：孤立记忆，即能记住知识点但不能建立逻辑联系，如可以记忆历史事件时间线，但无法分析因果关系；缺乏迁移，即无法将知识应用于新情境，如无法用数学公式解决变形应用题。

认知神经学证明，海马体与默认模式网络（DMN）协同负责信息整合。在深层加工任务中，此种学习困难者海马体激活强度较常人低 25%，DMN 功能连接减弱，导致知识学习碎片化。

例如，学习困难门诊一名初三学生小树，能熟记各种公式，但每次考试得分率稳定在 40%。

二、家庭教育环境影响

家庭教育方式是此种学习困难的重要诱因之一，以下三类模式最为常见。

过度代劳型——剥夺策略自主权

家长过度干预学习过程，如代写作业、直接告知答案等，可阻碍孩子发展自主策略选择能力，让孩子形成“策略依赖”。

我在学习困难门诊遇到一名小学五年级学生，家长每日帮他检查作业并直接修正错误。他形成了依赖心理，每天等待家长指出错误，他的独立作业正确率仅 50%。同时，他在做作业过程中有策略固化问题，面对新题型时僵化套用旧方法，因此错误率很高。

强制规定型——抑制策略灵活性

家长强制规定学习步骤，如必须按家长的方法解题等，会限制孩子探索多样化策略，导致认知僵化。

学习困难门诊一名初二学生，常被要求按照家长自创的“五步作文法”写作文。他由此产生了强烈的抵抗情绪，在学习过程中机械执行，以致作文内容空洞，得分长期低于同龄人平均分。这限制了孩子的创造性，导致了学习困难问题。

放任忽视型——缺失策略指导

家长未提供必要的方法指导，只关注结果，不关心过程，孩子可能因缺乏策略储备而陷入低效循环。

我在学习困难门诊遇到一名高一学生小林。家长只关注考试成绩，从没有对他进行学习方法指导，认为他在学校什么都能学会。这让他的无助感一直累积。他因成绩差产生自我怀疑，学习动机下降，出现了学习困难现象。由于学习策略单一，他只能通过重复抄写学习。

三、心理与行为因素

思维模式固化——陷入自我设定的认知牢笼

思维固化者认为能力天生不变，拒绝尝试新策略。神经科学研究显示，这类孩子面对挑战时，前扣带回激活增强（反映焦虑），而前额叶激活减弱（抑制策略调整）。例如，学习困难门诊一名高二学生因两次物理考试不及格，就坚定地认为“我天生学不好物理”，强化“能力不足”信念。

焦虑驱动型行为——低效策略的自我强化

高焦虑水平会激活杏仁核，抑制前额叶功能，促使个体选择安全但低效的策略。比如，反复抄写的学习方式，会让孩子形成“焦虑→低效→更焦虑”的恶性循环。

学习困难门诊的初三学生浩博一直害怕数学，他每日都会抄写数学公式，以缓解焦虑。他在考试中的得分率一直维持在45%。他因此还产生了生理反应，考试前经常出现心悸、手抖等躯体化症状。

学习方法不当型学习困难的具体表现

学习方法不当型学习困难的表现具有鲜明的策略单一性和结果矛盾性。即，孩子尽管投入大量时间和精力，但由于学习策略低效或错误，学习成果远低于预期。这种矛盾不仅体现在学业成绩上，还深刻反映在学习行为和心理状态之中。下面我们结合实际案例，从时间管理、信息处理、自我监控三个维度详细解析。

一、时间管理低效

时间管理是高效学习的基石，但这类学习困难者在这一领域表现不足，具体表现为无计划学习和伪勤奋现象。

无计划学习

无计划学习是指孩子在学习过程中缺乏明确的目标和规划，导致学习时间碎片化、学习效率低下。具体表现如下。

1. 随机分配学习时间。即，没有固定的学习计划。

2. 任务无法完成。由于频繁切换学习任务，孩子往往无法完成预定的学习任务，导致学习进度滞后。

3. 目标模糊。孩子缺乏明确的学习目标，不清楚自己需要达到的学习水平，因此在学习过程中容易迷失方向。

例如，学习困难门诊的高中生小民，每晚都学习 3 小时，但成绩一直不理想。究其原因，小民在学习过程中，时间分配极为随意，缺乏系统性。他每晚看似学习了很长时间，但实际上并没有深入学习，只是浅尝辄止。此外，由于缺乏明确的学习目标，小民在学习过程中容易分心，学习效率低下。

伪勤奋现象

伪勤奋现象是指孩子投入大量时间学习，但由于学习效率低下，成绩提升不明显。具体表现如下。

1. 盲目关注学习时长。孩子过分关注学习时长，忽视学习效率的重要性，认为只要投入足够的时间，就能取得好成绩。

2. 持续重复低效行为。孩子倾向于采用机械、重复的方式学习，如持续做题但不总结规律，导致学习成果十分有限。

3. 身心疲劳。由于长时间低效学习，孩子容易身心疲劳，进而对学习产生厌倦情绪。

例如，学习困难门诊的高三学生小帆每天坚持做 100 道数学题，但数学成绩一直徘徊在及格线附近。他很少对错题进行分析和总结。他认为只要多做题，就能提高成绩。由于缺乏有效的学习策略，他作业及考试的错误率始终居高不下。慢慢地，他开始怀疑自己，认为自己就是笨。

小帆这种现象属于典型的伪勤奋现象。这种机械的学习方式，不关注学习质量，不仅无法提升学习效率，还可能导致心理疲劳，影响学习内驱力。

二、信息处理低效

信息处理是学习的核心环节，但这类学习困难者在这一领域往往表现较差，具体表现为记忆策略不当和知识整合不足。

记忆策略不当

记忆策略不当是指在记忆知识时采用机械的方式，忽视联想记忆和间隔复习等高效记忆方法。具体表现如下。

1. 依赖重复抄写。孩子倾向于通过反复抄写来记忆知识，认为抄写次数越多，记忆效果越好。

2. 遗忘率高。由于过度依赖机械记忆，缺乏深度加工，孩子往往在短时间内遗忘大量知识，导致学习效果不佳。

3. 缺乏灵活性。在学习过程中机械记忆知识、缺乏灵活性，以致难以在新情境下应用相关知识，影响问题解决能力。

例如，学习困难门诊的初中生小仪，为了记忆英语单词，每天抄写 50 个。小仪认为抄写次数越多，记忆效果越好。然而，一周之后他对这些单词的遗忘率高达 80%。小仪的这种方法之所以无效，主要是因为过于机械，缺乏深度加工，从而无法形成稳固的记忆痕迹。另外，过度抄写容易导致心理疲劳和注意力分散，进一步影响记忆效果。

知识整合不足

知识整合不足是指孩子在学习过程中无法将零散的知识点整合成有机的知识体系，导致知识掌握不牢固、应用不灵活。具体表现如下。

1. 孤立记忆。孩子倾向于孤立地记忆知识点，忽视知识点之间的联系和逻辑关系。

2. 综合应用能力差。由于缺乏知识整合能力，孩子在面对综合应用题时往往感到无从下手。

3. 学习动力不足。由于无法将所学知识应用于实际情境，孩子容易对学习失去兴趣和动力。

例如，学习困难门诊的高中生小刘，对各种物理定律非常熟悉，但物理考试综合应用题得分率不足 30%。为什么会这样呢？小刘虽然能够准确背诵各种物理定律，但面对涉及多个定律的综合应用题时，他无法将这些定律有机地联系起来解决问题。

三、自我监控缺失

自我监控是学习的关键环节，但这类学习困难者在这一领域同样表现较差。具体表现为错误模式固化和评估能力低下。

错误模式固化

错误模式固化是指孩子在学习过程中反复出现相同的错误，且缺乏有效的纠正措施。具体表现如下。

1. 同类错误反复出现。孩子在面对同一类型的题目时，往往出现相同的错误，且难以纠正。

2. 缺乏错因分析。孩子往往只关注错误结果，而忽视错误的原因和纠正方法。

3. 错误累积效应。由于错误得不到及时纠正，孩子在后续学习中容易犯更多类似的错误，形成恶性循环。

例如，学习困难门诊的初中生小张连续三次数学考试在同一类几何题上丢分。他在解题过程中经常出现计算错误、理解偏差等问题，但他从没有对这些错误进行深入分析，也没有采取有效的纠正措施。他的问题在于错误模式固化。他缺乏对错因的深入分析和有效的纠正措施，导致相同的错误反复出现。此外，由于错误得不到及时纠正，他在后续学习中常犯类似错误，进一步导致学习信心不足和学习效率低下。

评估能力低下

评估能力低下是指孩子在评估自己掌握知识的程度时存在偏差，往往高估自己的掌握程度。具体表现如下。

1. 高估知识掌握程度。孩子在自我评估时往往过于乐观，认为自己已经掌握了所学知识，实际上掌握得并不牢固。

2. 考试成绩不佳。由于高估自己的知识掌握程度，孩子在实际考试中往往表现不佳，成绩与预期存在较大差距。

3. 自信心受挫。考试成绩不佳导致孩子产生挫败感和自卑情绪，进一步影响学习动力。

例如，学习困难门诊的高中生小宁，自认为化学学得很好，但考试时总是不及格。这是为什么呢？小宁在复习化学时感觉比较轻松，认为自己已经掌握了所有知识点。然而，在考试中，他发现自己对某些关键知识点理解不够深入，导致大量失分。

小宁的问题在于自我学习评估能力低下。他高估了自己的知识掌握程度，没有意识到自己在某些知识点上存在不足。这种情况导致他在实际考试中表现不佳，自信心严重受挫。

学习方法不当型学习困难的诊断与评估

学习方法不当型学习困难的诊断是一个复杂的过程，需要综合考虑学业表现、认知与元认知能力、实际学习行为等多个方面。下面我们结合具体案例，详细阐述诊断流程、评估工具以及诊断标准。

一、诊断流程

具体包括初步筛查、深入评估和综合诊断三个步骤。

初步筛查：初步识别可能存在相关问题的孩子

具体方法是，通过学业成绩记录、老师反馈、家长观察等，筛选出那些尽管投入大量时间和精力学习但成绩仍不理想的孩子。

例如，学习困难门诊的嘉宁是一名高中生，他每天学习 6 小时，但数学成绩始终在及格线附近徘徊。老师反映，他在课堂上十分认真，但在写作业和考试时频繁出错。家长也注意到，他经常熬夜学习，但成绩没有显著提升。

深入评估：进一步分析孩子的学习策略、认知与元认知能力和实际学习行为

可采用学习日志审查、错误模式分析、认知与元认知能力测试、行为观察等多种方式进行评估。

例如，针对嘉宁的情况，治疗师和嘉宁一起分析错误模式后发现，嘉宁在数学考试中频繁出现计算错误和概念混淆问题，同类错误占比高达 60%。随后，嘉宁完成了学习策略问卷，结果显示他在时间管理和信息加工策略上得分远低于常模均值。最后，治疗师通过行为观察发现，嘉宁在学习过程中注意力无法持续集中，频繁更换学习内容，缺乏连续思考过程。

综合诊断：基于综合分析，排除智力和神经发育问题，给出诊断结果

这个过程是将初步筛查和深入评估的结果进行综合分析，结合孩子的智力水平和神经发育状况，最终确定是否存在相关学习困难。

例如，我们综合分析了嘉宁的学业表现、学习策略、认知

与元认知能力、实际学习行为等多个方面的评估结果，排除了智力和神经发育问题，确认嘉宁存在学习方法不当型学习困难。也即，嘉宁虽然投入了大量时间和精力学习，但缺乏有效的学习策略和自我监控能力，导致他学习效率低下，成绩提升不明显。

二、评估工具

为了准确诊断，需要采用多种评估工具全面评估孩子的学习策略、认知与元认知能力以及实际学习行为。

学业分析

可以记录孩子每日的学习时间分配、学习方法使用情况及效果。这有助于了解孩子的学习习惯和时间管理能力，以及学习策略的有效性。

错误模式分析

如统计孩子在作业和考试中重复出现的错误类型及比例。这有助于识别孩子的学习难点和薄弱环节，以及是否存在特定的错误模式。

认知与元认知测试

如可以使用学习策略问卷。测试维度包括时间管理、信息加工、自我测试等 10 个策略维度。通过该问卷，可以全面了解孩子在不同学习策略上的情况，从而识别其学习策略的优势和不足。

元认知访谈

即通过一系列开放式问题，如“你如何判断自己是否掌握了某个知识点？”“发现错误后，你会做什么？”等，评估孩子的元认知能力。

行为观察

如分析学习过程。观察指标包括注意力分配、任务切换频率、自我纠正行为等。通过分析，可以直观了解孩子在实际学习过程中的行为表现和学习习惯。

三、诊断标准

诊断标准主要包括以下几个方面。

1. 学业表现不佳。孩子尽管投入大量时间和精力学习，但学业成绩仍不理想，且长时间内无显著提升。

2. 学习策略不当。如学习策略问卷多个维度得分远低于常模均值，表明存在明显的学习策略缺陷。

3. 元认知能力低下。如孩子缺乏有效的自我监控和评估能力，无法准确判断自己的学习进展和知识掌握程度。

4. 学习行为低效。如孩子在学习过程中有注意力分散、任务切换频繁、缺乏自我纠正等低效学习行为。

5. 排除其他因素。在诊断过程中，需要排除智力问题、神经发育问题等可能导致学业困难的因素。

学习方法不当型学习困难的教育干预与治疗策略

对于学习方法不当型学习困难的干预，可以从策略训练、环境优化、家庭教育方式调整、心理调适、辅助技术应用等方面入手。

一、学习方法系统训练：强化策略应用与知识整合

时间管理策略：引入时间块管理法

即将一天的学习时间划分为固定时间段（时间块），孩子在每个时间块专注于特定任务。这种方法有助于解决学习时间碎片化问题，提高学习效率。可以根据孩子的学习需求和生物钟，将一天的学习时间划分为若干时间块，每个时间块30～60分钟不等。然后，为每个时间块分配具体的学习任务，确保每个时间块对应明确的目标。同时，可以根据实际情况灵

活调整时间块，以适应不同的学习需求。

例如，学习困难门诊的小吴是一名高中生，之前他学习时总是随机切换学习任务，导致学习效率低下。在治疗师的指导下引入时间块管理法后，他将每天的学习时间划分为四个时间块。比如，周末在家学习的时候，上午学习数学和物理各 1 小时，下午学习语文和英语各 1 小时。他努力做到在每个时间块专注于相应科目的学习，避免频繁切换。经过两个月的实践，小吴的学习效率有了显著提升，日均有效学习时间从 3 小时增加到 5 小时。

记忆整合策略：深化思维导图的应用

思维导图是一种有效的知识整合工具，能通过中心主题和分支结构帮助孩子将零散的知识点串联起来，形成系统的知识体系。

可以先根据学习内容确定中心主题。然后，围绕中心主题展开分支，将相关知识点、概念、公式等逐一列出。可以在分支之间建立联系，用箭头、线条等标明知识点之间的逻辑关系。还可以使用颜色、图标等视觉元素增强记忆效果。

例如，学习困难门诊的小依是一名初中生，在学习历史时经常感到知识点零散、难以记忆。引入思维导图后，她的学习效率大幅提高。比如，以“二战”为中心主题，她将战争起因、主要事件、关键人物等知识点作为分支展开，并在分支之间建立联系。就这样，通过不断绘制和完善思维导图，小依逐渐将零散的历史知识点整合成一个个系统的知识体系。在其他学科的学习中，她通过这种方式，也取得了很好的效果。

二、家庭与学校协作：构建全方位支持体系

增强家长指导，引入“五步指导法”

这是一种基于观察、提问、讨论、建议和鼓励的指导方法，能够帮助家长更有效地支持孩子学习。首先，家长要仔细观察孩子的学习行为，记录学习时间、方法、效果等信息。其次，在日常生活中通过开放式问题引导孩子反思学习过程，如“你觉得今天的学习效率高吗”。再次，定期与孩子一起讨论学习中的问题和困难，寻找解决方案。然后，根据孩子的实际情况，提供具体的学习策略、建议，如“你可以用思维导图来整理知识点”。最后，肯定孩子的努力和进步，增强学习动力。

例如，学习困难者小月的母亲，之前长期采用代写作业的方式支持孩子学习，导致小月缺乏自主学习能力。在治疗师指导下引入“五步指导法”后，她开始观察小月的学习行为，并通过提问和讨论引导她反思学习过程。在母亲的建议与鼓励下，小月尝试使用思维导图整理知识点，并逐渐养成了自主学

习的习惯。经过三个月的努力，小月能够自主制订学习计划。她的学习效率提高了20%，作业完成率也有了显著提升。

拓展家庭教育指导方式

可参考以下方法。

1. 共同学习。与孩子一起学习新知识，建立共同的学习目标和兴趣。

2. 设立学习角。为孩子创造一个安静、整洁、充满学习氛围的学习环境。

3. 情感支持。关注孩子的情感需求，给予足够的关爱和鼓励，增强学习动力。

4. 言传身教。通过自己的学习行为为孩子树立爱学习的榜样，展示终身学习的态度。

例如，学习困难门诊的小华是一名高中生。在家庭教育指导师的指导下，小华的父亲（一名工程师）利用自己的专业特长与孩子一起学习物理和化学知识。他们一起做实验，讨论问题，解决问题，家里形成了良好的学习氛围。在父亲的陪伴下，小华逐渐对科学产生了浓厚的兴趣，学习成绩有了显著提升。同时，父亲还十分关注小华的情感需求，经常给予鼓励和支持，增强了小华的学习动力。

三、心理与行为干预：培养积极心态与高效学习行为

成长型思维训练

这是一种通过改变孩子的思维方式来培养其积极心态和适应能力的训练方法。它强调努力、挑战和成长的重要性，能帮助孩子拥有成长型思维。具体包括以下几点。

1. 认知重构。引导孩子识别并挑战自己的固化思维，如将“我学不会数学”转变为“我需要更努力地学习数学”。

2. 自我激励。鼓励孩子设定具体的可达成的学习目标，并制订奖励机制以增强孩子的学习动力。

3. 正面反馈。关注孩子的努力和进步，给予正面反馈和鼓励，增强其自信心和成就感。

例如，学习困难门诊的小微是一名高中生，以前因为数学成绩不佳产生了自卑情绪。治疗师引入成长型思维训练，引导她识别并挑战自己的固化思维，如将“我数学不好”转变为“我需要找到适合自己的学习方法来提高数学成绩”，还鼓励她设定具体的学习目标，并制订了奖励机制。小微经过三个月的实践和努力，数学成绩有了显著提升，自信心和成就感也明显增强。

行为契约法

这是一种通过与孩子签订行为契约来强化其自我监控和责任感的方法。契约中要明确规定在学习目标、策略选择、时间管理等方面对于孩子的要求，以及相应的奖励和惩罚机制。具体包括以下几个步骤。

1. 契约制订。与孩子一起制订行为契约，明确在学习目标、策略选择、时间管理等方面对孩子的要求，以及相应的奖励和惩罚机制。

2. 契约执行。监督孩子执行契约，并定期检查和评估孩子的学习情况和策略应用情况。

3. 契约调整。根据孩子的学习情况及时调整契约内容，以确保其有效性和适应性。

例如，学习困难门诊的小正是一名初中生，以前缺乏自我监控和责任感，导致学习效率低下。治疗师引入行为契约法，与他一起制订了行为契约。契约明确规定了在学习时间、策略选择等方面对于小正的要求，以及相应的奖励和惩罚机制。在契约执行过程中，治疗师定期检查和评估小正的学习情况和策略选择情况，并给予相应的奖励和惩罚。经过三个月的实践和努力，小正逐渐养成了良好的学习习惯和自我监控能力，学习效率也有了显著提升。

四、辅助工具：提升学习效率与个性化支持

可以选择适合的学习软件，实现个性化学习。

学习软件能够根据孩子的学习行为、学习情况、心理需求信息和测试数据，推送个性化学习资源，并能通过智能算法评估孩子的学习进展和知识掌握程度，甚至提供相应的建议和指导。

第七章

感觉统合失调型学习困难以及应对策略

感觉统合失调型学习困难的定义

感觉统合失调型学习困难是指个体因在感觉输入、处理及整合过程中存在障碍，而产生的一种学习困难。

感觉统合是指大脑对来自身体各部分的感觉信息进行解释、组织、比较，并作出适应性反应的过程。当这一过程失调，个体可能在学习、社交、情绪调节等方面遭遇困难。

感觉统合失调型学习困难的形成原因

感觉统合失调型学习困难的原因复杂多样，具体涉及生理基础、环境、家庭教育、心理等多种因素。下面我们结合具体案例详细阐述。

一、生物学因素的影响

遗传影响

遗传基因在个体感觉统合能力的发展中起着重要作用。研究表明，某些基因变异可能增加个体发生感觉统合失调型学习困难的风险。存在家庭病史时，个体更容易受到影响。

例如，小志是一个 8 岁孩子，被诊断患有感觉统合失调型学习困难。在深入调查其家族病史后，我们发现小志的父亲在童年时期也曾表现出类似感觉统合失调的症状。这表明遗传基因在感觉统合失调型学习困难的发生中可能扮演了重要角色。

神经发育问题

大脑在发育过程中会经历一系列复杂的变化，比如神经元增殖、迁移、分化，突触形成等，如果在这个过程中受到某些不良因素（如感染、缺氧、营养不良等）的影响，可能导致感觉处理系统发育异常，进而引发感觉统合失调型学习困难。

例如，10 岁的小柔是一个早产儿，出生时体重极低。在成长过程中，她逐渐表现出注意力不集中、动作不协调等症状。经过专业评估，小柔被诊断患有感觉统合失调型学习困难。医生认为早产和低出生体重可能影响了她大脑的正常发育，进而导致感觉统合失调。

生理疾病

某些生理疾病可能增加感觉统合失调型学习困难的发生风险。例如，脑损伤等疾病可能影响大脑的正常发育和功能，导致感觉处理系统受损。此外，一些代谢性疾病或神经系统疾病也可能对感觉统合能力产生负面影响。

例如，在一次意外中，8 岁的小远脑部受了伤。经过治疗，他虽然保住了生命，但在学习上遇到了巨大困难。他无法长时间集中注意力，书写动作也显得十分笨拙、不协调。经过专业评估，小远被诊断患有感觉统合失调型学习困难。给小远做检查的医生认为，脑损伤可能影响了他的感觉处理系统，进而导致学习困难。

二、环境因素的影响

早期环境刺激不足

婴儿期是个体感觉统合能力发展的关键时期。在这个时期，个体接受足够的触觉、前庭觉、本体觉刺激，才能促进大脑神经元连接和突触形成。如果缺乏这些刺激，可能导致感觉统合能力发展不足，进而引发感觉统合失调型学习困难。

例如，11 岁的小嘉在婴儿期时，由于家长工作繁忙，大部分时间都是独自躺在婴儿床上。她很少有机会进行爬行、翻身等练习，也缺乏与家人的亲密互动。随着年龄的增长，小嘉逐渐表现出注意力不集中、动作不协调等症状。

过度保护或限制

在现代社会，许多家长出于对孩子的关爱和保护，往往过度限制孩子的自由探索和活动。这种过度保护或限制可能导致孩子缺乏足够的运动和感官刺激，进而影响感觉统合能力的发展。

例如，12 岁的小岛是一个长期被家长过度保护的孩子。

他的父母担心他受伤或受到不良影响，很少让他独自外出玩耍或参与户外活动。小岛大部分时间都是在家中度过的，缺乏与同龄人的互动和竞争。随着年龄的增长，小岛逐渐表现出社交障碍和学习困难，最终被诊断患有感觉统合失调型学习困难。过度保护或限制可能是他发生感觉统合失调的重要原因。

不良生活方式

缺乏运动、长时间使用电子产品等不良生活方式也会对个体的感觉统合能力产生负面影响。缺乏运动会导致个体身体机能下降，感觉统合能力得不到充分锻炼。而长时间使用电子产品则可能使个体沉迷于虚拟世界，缺乏与现实世界的互动。

例如，12 岁的小文长期沉迷于网络游戏。他每天花费大量时间在网络游戏上，很少参与户外活动和体育锻炼。随着时间的推移，他逐渐表现出注意力不集中、动作不协调等症状。

三、心理因素的影响

情绪问题

焦虑、抑郁等情绪问题会直接影响个体的感觉处理能力和注意力的发展。个体处于负面情绪状态时，大脑可能无法有效地处理和整合来自身体各部分的感觉信息，进而导致感觉统合失调。

例如，11 岁的小音是一个性格内向、容易焦虑的孩子。在学习和生活中，她经常感到紧张和不安，难以集中注意力完成各种任务。随着时间的推移，小音逐渐表现出学习困难和社交障碍。

学习压力

过大的学习压力可能导致个体产生紧张、焦虑等负面情绪，进而影响感觉统合能力的发展。个体面临巨大的学习压力时，大脑可能因处于高度紧张状态，而无法有效地处理和整合感觉信息。此外，学习压力还可能影响个体的睡眠质量和身体健康，进一步加剧感觉统合失调的症状。

例如，12 岁的小杰是一个成绩优异但学习压力巨大的孩子。为了保持好成绩，他每天花费大量时间在学习上，很少进行休息和娱乐。随着时间的推移，小杰逐渐感到身心疲惫、无法集中注意力，动作也变得笨拙、不协调。

四、家庭教育方式的影响

家庭教育对个体的成长和发展具有重要影响。家庭环境、教育方式、家长的养育态度、家庭中的互动模式等，都会对孩子的感觉统合能力发展产生深远影响。

家庭环境不良

1. 家庭氛围紧张。家庭氛围紧张、不和谐，父母之间经常争吵或存在冷暴力，会给孩子带来巨大的心理压力。长期处于这种环境的孩子，容易出现缺乏安全感、焦虑、抑郁等情绪问题，进而影响感觉统合能力的发展。

例如，10 岁的小雨生活在一个经常充满争吵的家庭。父母因为工作、经济等问题经常吵架，有时甚至当着小雨的面争吵。小雨因此变得非常敏感和内向，经常感到不安和害怕。在学校，她难以集中注意力，经常分心，学习成绩因此一落千丈。医生发现，小雨存在感觉统合失调的问题，这与她长期生活的家庭环境有密切关系。

2. 生活环境单调。孩子的生活环境过于单调，缺乏丰富的感官刺激，会限制孩子感觉统合能力的发展。

例如，12 岁的小龙生活在一个相对封闭的环境，父母因为担心他的安全，很少让他外出玩耍。家中的玩具主要是简单的积木和拼图，缺乏变化和挑战性。随着时间的推移，小龙变得越来越不愿意与人交流，动作也显得笨拙、不协调。专业评估结果显示，小龙的感觉统合能力存在问题，这与他单调的生活环境有直接的关系。

教育方式不当

1. 过度保护。家长对孩子过度保护，可能影响孩子自由探索和尝试新事物，导致孩子缺乏足够的运动和感官刺激，阻碍孩子感觉统合能力的发展，使孩子在面对新环境和新挑战时缺乏自信，同时也可能影响孩子独立性的发展。

例如，11 岁的小舒是家中的独生女，父母对她宠爱有加，几乎不让她做任何可能让她受伤的事情。即使是简单的家务活，父母也舍不得让她插手。小舒也很少有机会进行户外活动和运动锻炼。随着年龄的增长，小舒在学校的表现越来越差，尤其是在体育课上，她经常因为动作不协调遭到同学的嘲笑。在学习困难门诊，她被诊断存在感觉统合失调问题。

2. 早期教育过度。家长过早地对孩子进行高强度的学习训练，如提前教授文化知识、强制进行阅读或写作练习等，可能使孩子的大脑和神经系统承受过大的压力，影响感觉统合能力的正常发展，同时也可能导致孩子对学习产生厌倦和抵触情绪。

例如，10 岁的男孩晓远本来是一个聪明伶俐的孩子，父母对他寄予厚望。为了让他赢在起跑线上，父母在他很小的时候就教他识字、数数，还给他报了很多兴趣班。晓远每天都被安排得满满当当，他几乎没有时间玩耍和休息。随着时间的推移，晓远开始表现出厌学情绪，学习成绩也开始下滑。学习困难门诊综合评估后，确定他存在感觉统合失调，这与他早期接受的高强度教育有密切的关系。

3. 忽视个体差异。家长忽视孩子的个体差异，采用“一刀切”的教育方式，不考虑孩子的兴趣、特长和学习能力，会导致孩子的学习兴趣受挫。

例如，12 岁的小何父母都是高学历人才，他们希望小何也能像他们一样优秀。因此，他们给小何制订了严格的学习计划，要求他每天必须完成大量的学习任务。然而，小何对学习并不感兴趣，他更喜欢画画和手工制作。由于父母忽视了他的兴趣和特长，小何在学习上越来越吃力，成绩也越来越差。学习困难门诊综合评估后，确定他存在感觉统合失调。

家长的养育态度

1. 缺乏耐心和关爱。家长对孩子缺乏足够的耐心和关爱，经常批评、指责甚至打骂孩子，可能让孩子感到自卑、无助，缺乏自信心。

例如，小书的父母由于工作繁忙，很少陪伴他。每当小书犯错或学习成绩不理想时，父母就会对他进行严厉的批评和指责，有时甚至动手打他。小书因此变得非常自卑和内向，不愿意与人交流。在学校里，他经常因为注意力不集中而受到老师的批评。学习困难门诊综合评估后，确定他存在感觉统合失调。

2. 对孩子的期望过高。家长对孩子抱有过高的期望，要求孩子在学业、才艺等方面取得优异成绩，也可能对孩子造成负面影响。

例如，10 岁的小梅是一个多才多艺的女孩子，父母对她寄予了很高的期望。他们希望小梅在各个方面都表现出色，因此给她报了很多兴趣班和辅导班。小梅每天都被安排得满满当当，几乎没有时间休息和放松。渐渐地，小梅开始感到力不从心，对学习和兴趣班都失去了兴趣。学习困难门诊综合评估后，确定小梅存在感觉统合失调。父母过高的期望给小梅带来了巨大的心理压力，影响了她的情绪调节能力和学习动力。

家庭互动模式不良

1. 缺乏有效沟通。家庭成员之间缺乏有效的沟通，家长不了解孩子的想法和需求，孩子也无法表达自己的感受和困惑，会让孩子感到孤独和无助，进而影响情绪调节能力和社交技能的发展。

例如，11 岁的女孩小林生活在一个缺乏沟通的家庭。父母很少与她交流谈心，对她的想法和需求缺乏关注。每当小林遇到困难和问题时，她都不知道该如何向父母求助。在学校里，她经常因为无法与同学建立良好的关系而感到孤独和无助。学习困难门诊进行综合评估后，确定她存在感觉统合失调。

2. 过度干预。家长过度干预孩子的生活和学习，如替孩子做决定、包办孩子的生活等，剥夺孩子的自主权和独立性，会影响其自我探索和成长的主动性，进而对感觉统合能力的发展产生不利影响。

例如，小扬的父母对他非常溺爱，几乎包办了他所有的事情。从穿衣吃饭到学习娱乐，父母都会替小扬做决定并安排妥当，他几乎没有机会自己做决定和独立思考。随着时间的推移，小扬变得越来越依赖父母，越来越缺乏自主性和独立性。在学校里，他经常因为无法独立完成任务而受到老师的批评。学习困难门诊综合评估后，确认小扬存在感觉统合失调。

感觉统合失调型学习困难的具体表现

感觉统合失调型学习困难的表现具体涉及注意力、动作协调性、触觉敏感性、前庭觉、本体觉、社交、情绪等多个方面。这些表现不仅影响个体的学习能力，还会对日常生活和社交互动产生深远影响。

一、注意力分散

注意力分散是感觉统合失调型学习困难者最为常见的表现。这类孩子在学习过程中往往难以长时间集中注意力，容易分心，导致学习效率低下。他们在课堂上无法紧跟老师的讲解，经常东张西望，从而错过关键信息。在写作业或考试时，他们容易遗漏、犯无谓错误，或无法准确理解题目要求。

例如，10 岁的小涛是一名小学生，在课堂上经常出现注意力涣散的情况。上课时，他总是东张西望，无法紧跟老师的讲解。当老师提问时，他常常答非所问，显然没有认真听讲。

在写作业时，他经常遗漏或出现无谓的错误，需要家长反复提醒和纠正。在一次数学考试中，他将一道题目中的“+”误看成“-”，导致整个计算过程出错。

二、动作协调性差

动作协调性差是感觉统合失调型学习困难者的另一个显著表现。这类孩子的精细动作和大运动均显得笨拙、不协调。例如：在写字时，他们可能无法控制握笔的力度和运笔的方向，导致字迹潦草；在画画时，他们难以控制线条的流畅度，致使画面显得杂乱无章。此外，这类个体在体育活动中常常表现出动作不协调的特点，如跑步时步伐不稳、跳绳时频繁摔倒等。

例如，11 岁的小方，在写字和画画方面一直存在困难。写字时，她的字总是歪歪斜斜，即使长期练习也无法改善。画画时，她难以控制线条的流畅度，画面显得杂乱无章。此外，小方在体育活动中动作极不协调。在一次体育课上，她尝试跳绳时频繁摔倒，引得同学哈哈大笑。小方因此感到非常沮丧和自卑，逐渐失去了体育活动的兴趣。

三、触觉过于敏感或迟钝

触觉过于敏感的孩子对触觉刺激的反应相当强烈，他们不喜欢被人触碰，甚至对衣服的材质也有严格要求。而触觉过于迟钝的孩子对触觉刺激的反应较弱，他们即使受伤也难以察觉。这种触觉异常不仅影响个体的日常生活和学习，还可能对社交互动产生负面影响。

例如，小桐是一名小学生，对触觉刺激非常敏感。他不喜欢被人触碰，即使是轻微的拍打也会让他感到非常不适。因此，他在学校里很少与同学玩耍和互动。此外，小桐对衣服的材质也有严格的要求，只喜欢穿柔软、透气的衣服。如果穿了不合身或材质较硬的衣服，他会感到浑身不自在。

另一个孩子小麟触觉则十分迟钝。他在玩耍时经常受伤，但毫无察觉。在一次户外活动中，小麟不小心摔破了膝盖，但他并没有感到疼痛，继续玩耍。晚上回家后，父母才发现他的膝盖已经肿起来。小麟的这种触觉迟钝现象让父母非常担心他的人身安全。

四、前庭觉失调

前庭觉负责维持身体的平衡和空间定向。当这个系统失调时，孩子在空间感知、平衡能力等方面会遭遇困难。他们对旋转、摇晃等运动刺激的反应过于强烈或过于迟钝。此外，这类孩子在进行体育活动时常常表现出平衡能力较差的情况。

例如，12 岁的小莉经常出现晕车、晕船等情况。每次乘坐交通工具时，她都会感到头晕、恶心，甚至呕吐。因此，她无法参加学校组织的夏令营活动。此外，小莉在进行体育活动时表现出平衡能力较差的特点。在一次体育课上，她尝试进行单脚站立平衡练习，很快就失去平衡摔倒了。

五、本体觉失调

本体觉负责感知身体各部分的姿势和运动状态。当这个系统失调时，个体可能对自己的身体姿势和动作缺乏准确的感知。这可能导致他们在运动协调和身体姿势控制方面存在困难。例如：在写字时，他们可能无法准确控制握笔的力度和运笔的方向；在进行体育活动时，他们难以准确控制自己的动作和力度。

例如，11 岁的小知在写字时经常用力过猛或不足，导致纸张破损或字迹不清晰。即使经过长期练习，他也无法准确控制握笔的力度和运笔的方向。此外，小知在进行体育活动时表现出动作不协调的特点。在篮球课上，他投篮时总是用力过猛或找不准方向。

六、社交与情绪问题

这类孩子在社交场合常表现出拘谨、退缩或过度活跃的特点，难以与他人建立亲密的关系。他们缺乏自信，容易有焦虑、抑郁等负面情绪，情绪调节能力较差。这些社交与情绪问题不仅影响社交互动能力，还会对心理健康产生负面影响。

例如，12 岁的小慧在与人交往时经常感到不自在或紧张。她很难与他人建立亲密的关系，经常独自一人参加活动。在社交场合，她十分拘谨，无法与他人自然地交流和互动。此外，小慧的情绪也容易波动，时而兴奋，时而沮丧。她经常因为一些小事陷入焦虑或抑郁的情绪中无法自拔。

感觉统合失调型学习困难的诊断与评估

感觉统合失调型学习困难的诊断与评估是一个复杂的过程。它要求专业人员综合运用多种方法和工具，全面而深入地了解孩子的感觉统合能力、生长发育史、家庭病史、学习及行为表现、神经系统发育情况、情绪状态、社交能力等方面。具体包括病史询问与观察、感觉统合能力测试、神经系统检查、心理评估、综合评估五个环节。

一、病史询问与观察

病史询问与观察是诊断与评估的第一步，也是最为基础的一步。在这一环节，专业人员需要与孩子及其家长进行深入交流，了解孩子的生长发育史、家庭病史、学习及行为表现等关键信息。这些信息对于后续的诊断与评估具有至关重要的意义。

生长发育史方面，专业人员需要关注孩子在婴儿期、幼儿期及学龄期运动、语言、认知等方面的发展情况，特别是那些可能影响感觉统合能力发展的因素，如早产、低体重出生、脑损伤等。家庭病史方面，则需要了解家族中是否有类似病史的成员，以判断是否存在相关遗传问题。学习及行为表现方面，需要关注孩子在学习过程中是否经常出现注意力分散、动作协调性差等问题，以及在社交场合是否存在不良表现。

在观察环节，专业人员需要关注孩子的行为表现、情绪状态及社交互动。例如，观察孩子在活动中的动作协调性、注意力集中程度以及与他人互动的方式。这些观察结果可以与病史询问中获取的信息相互印证，为诊断与评估提供更为全面的依据。

二、感觉统合能力测试

感觉统合能力测试是诊断与评估的重要环节之一。在这一环节，专业人员需要使用专业的感觉统合能力测试量表或工具，评估孩子的感觉统合能力。这些测试量表或工具通常涉及多个维度，如触觉、前庭觉、本体觉等，以全面评估孩子的感觉统合能力。

在测试过程中，专业人员需要使用测试量表或工具，对孩子进行测试。测试时，需要保证环境的安静和舒适，以免外界因素对测试的干扰。同时，专业人员需要密切关注孩子的反应和表现，以确保测试结果的准确性和可靠性。

测试完成后，专业人员需要对测试结果进行解读和分析，需要根据测试量表或工具的评分标准，对孩子的感觉统合能力进行量化评估，并结合孩子的实际情况进行解释和说明。这一环节对于制订个性化的干预措施具有重要意义。

三、神经系统检查

在神经系统检查过程中，专业人员需要对孩子神经系统的发育情况进行全面检查，以排除其他可能的神经疾病。神经系统检查通常包括观察孩子的运动、感觉、反射等方面的情况，以及进行必要的神经影像学检查。

在神经系统检查过程中，专业人员需要采取科学的检查顺序和方法，以确保检查的全面性和准确性。专业人员通常从观察孩子的运动协调性开始，然后逐步深入到各个具体的神经系统功能方面进行检查。在检查过程中，专业人员需要密切关注孩子的反应和表现，以及时发现和记录任何异常情况。

神经系统检查结果对于排除其他可能的神经系统疾病具有重要意义。如果检查结果显示孩子存在其他神经系统疾病或异常情况，那么诊断与评估方案就需要修正。因此，在神经系统检查完成后，专业人员需要对检查结果进行仔细分析和解读，以确保诊断的准确性和可靠性。

四、心理评估

进行心理评估时，专业人员需要评估孩子情绪状态、社交能力等方面的情况。这些评估结果有助于了解孩子在心理层面的特点和需求，可以为制订个性化的干预措施提供重要依据。

心理评估通常需要使用专业的评估工具或量表。这些工具或量表包括问卷调查、访谈、行为观察等。例如，可以使用社交焦虑量表来评估孩子的社交焦虑程度，可以使用情绪调节量表来评估孩子的情绪调节能力。在选择评估工具时，需要根据孩子的实际情况和评估目的进行综合考虑。

心理评估过程需要遵循一定的程序和方法。首先，专业人员需要与孩子进行深入的交流和沟通，了解其心理状态和需求。然后，根据评估工具或量表的指导语，对孩子进行评估。在评估过程中，需要保持耐心，以确保评估结果的准确性和可靠性。同时，需要关注孩子的反应和表现，以及时发现和记录任何异常情况。

心理评估结果对于制订个性化的干预措施具有重要意义。根据评估结果，专业人员可以了解孩子在心理层面的特点和需求，从而为其制订更有针对性的干预措施。例如：对于社交焦虑程度较高的孩子，可以进行社交技能训练、心理咨询等；对于情绪调节能力较差的孩子，可以进行情绪管理训练、放松训练等。

五、综合评估

综合评估是诊断与评估的最后一步，也是最为关键的一步。在这一环节，专业人员需要将病史询问、观察、测试及检查结果进行综合分析，得出最终的诊断结论。综合评估需要综合考虑孩子的多方面情况，包括生长发育史、家庭病史、学习及行为表现、感觉统合能力、神经系统发育情况、心理特点等。

综合评估过程需要专业人员具备医学、心理学、教育学背景，以及丰富的临床经验和判断力。他们需要将各个环节的信息进行整合和分析，以得出最终的诊断结论。在评估过程中，需要保持客观和公正的态度，避免主观臆断和偏见的影响。同时，需要与孩子及其家长进行充分的沟通和交流，以确保诊断结论的准确性和可靠性。

综合评估结果对于制订个性化的干预措施具有重要意义。根据评估结果，专业人员可以为孩子制订针对性的干预计划，如感觉统合训练、心理治疗、教育辅导等。在解释评估结果时，需要向孩子及其家长详细说明诊断结论的依据和意义，以及干预措施的必要性和可行性。同时，还需要关注孩子及其家长的反应和意见，以确保干预措施的顺利实施和有效执行。

感觉统合失调型学习困难的教育干预与治疗策略

对感觉统合失调型学习困难的教育干预与治疗需要综合考虑个体的具体情况和需求，采用多种方法和手段促进感觉统合能力的发展和提高学习效率。下面我们详细阐述感觉统合训练、认知行为疗法、家庭干预、辅助工具等干预策略，并结合案例进行说明。同时，我们会提供诸多家庭教育指导方式。

一、感觉统合训练

感觉统合训练是一种专业的治疗方法，通过刺激和锻炼孩子的感觉处理系统，提高感觉统合能力。这种训练通常包括多种活动，如平衡木练习、蹦床活动、触觉球按摩等，通过不同的感觉刺激促进大脑对感觉信息的整合和处理能力。

例如，学习困难门诊的小叶是一名被诊断患有感觉统合失调型学习困难的小学生。在接受为期三个月的感觉统合训练后，他的前庭觉和本体觉失调症状得到了明显改善。在训练过程中，小叶积极参与各种活动，如平衡木练习、蹦床活动、触觉球按摩等。随着训练的深入，小叶逐渐学会了如何更好地控制自己的身体，他的注意力和动作协调性有所提高。现在，小叶在课堂上能够更长时间地集中注意力，作业的完成质量也有显著提升。

二、认知行为疗法

认知行为疗法是一种心理治疗方法，通过认知重构和行为训练帮助孩子改变不良的思维和行为模式，提高情绪调节能力和社交技能。这种疗法通常包括一系列的活动和练习，如情绪识别、思维记录、角色扮演等，可帮助孩子建立积极和健康的自我认知。

例如，12 岁的小博在学习困难门诊被诊断患有感觉统合失调型学习困难。在接受认知行为治疗后，他学会了如何识别和管理自己的负面情绪，以及如何与人建立亲密关系。在治疗过程中，小博积极参与各种活动和练习，如情绪识别、思维记录、角色扮演等。随着治疗的深入，小博逐渐学会了如何更加理性地看待问题，他的情绪调节能力和社交技能得到了显著提高。现在，小博能够更加自信地与他人交往和沟通，他的学习成绩和生活质量有了明显提升。

三、家庭干预

家庭干预是一种重要的治疗手段，通过家长培训和家庭指导帮助家长了解相关问题的特点和干预方法，改善家庭环境和亲子关系，促进孩子健康成长。这种干预通常包括家长教育、家庭互动、家庭环境调整等多个方面。

例如，11 岁男孩小松的家长在接受家庭干预培训后，学会了如何在家中为孩子提供足够的感觉刺激和活动机会，以及如何与孩子建立积极的互动关系。他们根据学习困难门诊治疗师的指导，调整了家庭环境，增加了适合孩子活动的空间和设施。同时，他们更加注重与孩子沟通和交流，经常陪伴孩子进行各种活动和游戏。经过一段时间的干预，小松的家庭氛围变得和谐、融洽，他的学习效率和社交能力有所提高。

四、辅助工具

辅助工具是一种新兴的治疗手段，利用现代技术手段辅助学习困难者学习和生活。这些工具通常包括虚拟现实技术、智能穿戴设备等，可以为学习困难者提供更加个性化、精准和高效的干预和治疗服务。

人工智能辅助诊断系统可以通过分析学习困难者的行为表现、生理指标等，提供初步的诊断建议。

个性化学习软件可以根据孩子的学习能力和进度，提供个性化的学习内容，从而可以提高孩子的学习效率。

学习困难门诊还可以利用远程干预平台，让家长和专业人员能够随时随地进行沟通和交流，从而为学习困难者提供更加便捷和高效的干预服务。

第八章

情绪障碍型学习困难以及应对策略

情绪障碍型学习困难的定义

情绪障碍型学习困难是指个体因情绪障碍（如焦虑、抑郁、恐惧、创伤后应激障碍等）而在学习过程中遭遇显著困难的现象。

这种困难并非由智力缺陷或感官损伤引起。它的发生原因大致是这样的，情绪问题直接干扰了注意力、记忆力、执行力，进而影响了学业表现、学习动力和社交适应。

其核心特征是情绪障碍与学习困难之间存在双向关联。情绪问题会影响学习能力，而学习失败又会加剧情绪问题，以致形成恶性循环。

情绪障碍型学习困难的形成原因

情绪障碍型学习困难的成因相当复杂，它是生物学、心理学、社会学、家庭教育等多重因素交互作用的结果。

一、生物学因素

遗传易感性

个体可能通过基因遗传发生情绪调节困难和学习困难。例如，5- 羟色胺转运体基因的短等位基因变异会导致突触间隙 5- 羟色胺再摄取效率降低，从而使个体对压力事件更为敏感。这种神经递质系统的脆弱性可能导致双重后果。在情绪层面，杏仁核对威胁性刺激的过度反应，会引发持续焦虑。在认知层面，前额叶皮层对情绪的调控能力减弱，会导致注意力难以集中。研究显示，携带此类变异基因的儿童在高压环境中出现相关困难的概率是普通儿童的 3 倍。

例如，经过基因检测，研究人员发现，12 岁女孩晓鹿有情绪障碍家族病史。检测结果显示，她携带相关变异基因。在升学压力下，她的皮质醇水平持续高于同龄人 85%。同时，她表现出明显的数学焦虑，如面对应用题时会出现心跳加速、短期记忆暂时性丧失等现象。神经反馈训练显示，其前额叶活性较同龄人低很多，提示执行功能受损。

神经发育异常

关键脑区的结构或功能异常会直接破坏“情绪一认知”平衡。

1. 杏仁核肥大。对负面刺激过度敏感，会使个体长期处于“战”或“逃”的状态。研究显示，在考试情境下，情绪障碍型学习困难者的杏仁核激活强度是常模组的 2 ～ 3 倍。

2. 前额叶发育滞后。该区域负责工作记忆和冲动控制，灰质体积减小将导致相关能力下降。

3. 海马体萎缩。慢性压力导致的糖皮质激素过量分泌会减少海马神经发生，损害情境记忆提取能力。

例如，脑成像显示 10 岁的小宏前额叶灰质体积仅相当于 8 岁儿童水平，同时杏仁核体积超过同龄人 18%。这可以解释她在学校的诸多矛盾表现。比如：因同桌借橡皮未及时归还，突然尖叫并撕毁作业本（杏仁核过度激活导致的情绪不稳定）；

无法按步骤完成四则混合运算，即便知道3+5=8，却在解题时写成3+5=7（执行功能障碍）；褪黑素分泌延迟2小时，导致每天早晨第一节课注意力集中水平仅为班级平均值的45%（昼夜节律紊乱）。

二、心理因素

创伤经历

1. 神经可塑性改变。持续应激导致海马树突萎缩，可损害陈述性记忆编码，如公式记忆。

2. 认知窄化。创伤后形成的“危险扫描”模式，可使个体将中性刺激（如黑板、课桌）错误关联到威胁记忆。研究显示，经历校园欺凌的儿童在教室环境中的皮质醇水平相比对照组高很多。

例如，14岁的小辉因长期被嘲笑“数学白痴”，形成条件反射式恐惧。比如：只要看到几何图形，皮肤电导率就会迅速上升（生理标记）；在模拟考试中，将原本会做的应用题题目误读为“嘲讽性文字”（记忆扭曲）；连续逃避数学课（回避强化）。

认知偏差

1. 拥有灾难化思维。如“如果这次我考不好，我的人生就完了”。

2. 拥有选择性偏差行为。如仅关注作业中的错误而忽视正确部分。

3. 习惯过度概括。如将单次失败泛化为“永远失败”。

这些偏差可导致认知资源错配。如，焦虑占据 70% 工作记忆容量，仅剩 30% 工作记忆容量用于学习。

三、社会因素

高压学业环境

1. 时间挤压。如关于某省中学的调研显示，学生日均学习时间达 11.6 小时，睡眠不足 6 小时者占 73%。

2. 学业竞争。据研究，激烈的学业竞争使得 20% 的孩子唾液淀粉酶活性下降（压力指标），提示消化系统功能抑制。

3. 社会退缩。很多孩子日均社交互动少得可怜。

同伴关系受损

1. 前扣带回激活。个体被嘲笑时，该区域激活模式与生理疼痛相似。

2. 负面情绪影响镜像神经元抑制。这会减少个体通过观察环境学习的机会，从而错失 40% 非正式知识获取渠道。

四、家庭教育原因

高压型教养

这种教养方式可通过神经内分泌机制造成双重伤害。

1. 父母的惩罚性言语会使孩子皮质醇水平持续偏高，抑制海马神经元再生，导致多巴胺奖励系统失衡，从而使孩子将学习理解为“避免惩罚”而非“追求成就”，以致动机缺失。追踪研究显示，经历高压教养的儿童在概率推理任务中错误率相对更高。

2. 代际传递。研究显示，童年期遭受相似教养方式的家长，唾液淀粉酶活性在检查孩子作业时会升高。

情感忽视型教养

情感忽视会导致孩子的社会脑发育受阻。

1. 眶额叶皮层变薄。这会影响情绪识别能力，如在阅读理解中难以把握人物情感变化。

2. 镜像神经元系统抑制。这会减少模仿学习的机会，使复杂技能（如作文构思）习得困难。

3. 安全感缺失。依恋理论指出，缺乏情感支持的孩子探索行为相对更少。

矛盾型家庭互动

这会导致以下三种结果。

1. 认知冲突。比如，父亲要求“不能使用电子产品”，母亲默许孩子玩手机，可导致孩子计划执行功能紊乱。

2. 情绪耗竭。孩子在父母争吵中充当调解者，可使前额叶资源过度消耗，导致作业错误率上升。

3. 时间感知扭曲。焦虑可加剧主观时间流逝感，比如可能使 1 小时被感知为 3 小时，从而加剧拖延。

替代性攀比

如家长将子女成就当作自我价值延伸。这可导致以下结果。

1. 孩子可能内化家长的评价标准。如，将“成绩未达 95 分”等同于“彻底失败”。

2. 可使孩子肾上腺素激增，诱发战斗反应。

3. 创造性抑制。恐惧犯错可使发散思维能力受限，影响个体在开放性任务中的表现。

情绪障碍型学习困难的具体表现

情绪障碍型学习困难的具体表现具有跨情境性（家庭、学校、社交场合均会出现）和持续性（症状一般会持续6个月以上），涉及情绪、认知、行为三个维度的复杂交互。

一、情绪表现

焦虑主导型具体表现

1. 学科特异性恐惧。比如，数学焦虑者面对数字时，前扣带回激活会增强，从而导致“数学认知冻结”现象。

2. 解离反应。在高压情境下，默认模式网络异常活跃，从而可能导致人格解体（如感觉手不属于自己）、现实感丧失（如题目字符扭曲）等。

3. 躯体化症状。如，晨间唾液皮质醇水平升高，甚至伴随慢性头痛。

例如，12 岁男孩洋洋，在治疗干预过程中，接受了 24 小时生理监测。结果显示：数学课前 1 小时，心率从 72 次 / 分钟升至 112 次 / 分钟，皮肤电导率峰值明显升高；考试期间，前额叶氧合血红蛋白浓度下降 30%，导致工作记忆容量仅剩 3±1 项（同龄人平均 7±2 项）；出现行为代偿，如频繁使用“橡皮依赖”，平均每题擦拭 12 次。干预过程中，通过渐进式暴露训练，其数学焦虑量表测试得分从 84 分（重度焦虑）降至 52 分（轻度焦虑）。

抑郁主导型具体表现

1. 情感钝化。如，面部表情肌活动减少，出现“空眼神”现象。

2. 时间感知扭曲。如，主观感觉“写 1 小时作业像写 5 小时”，从而加剧拖延行为。

3. 自我贬低语言模式。语言分析显示，自我指称词（如我、我的）出现频率提高 300%，积极情感词占比大幅减少。

二、认知表现

注意力碎片化具体表现

1. 空间注意失衡。如，在划消测验中，左侧空间遗漏率比右侧高 43%（提示右侧顶叶功能障碍）。

2. 时间维度碎片化。如，持续注意力测试显示，漏报率＞30%，反应时变异系数＞0.35。

3. 跨模态干扰。如，听觉分心刺激使视觉任务错误率大幅提高（双任务范式证据）。

工作记忆受损具体表现

1. 语音环路缺陷。如，数字广度测验中，得分远低于相应年龄常模组。

2. 视空间模板受限。如，Corsi 积木敲击任务得分远低于同年龄常模组。

三、行为表现

逃避行为的具体表现

1. 精细化伪装。部分孩子会进行复杂病症表演，如伪造体温曲线。

2. 空间规避模式。如，据 GPS 轨迹分析，有学习困难者在校期间安全区（如厕所、图书馆等）停留时间占比＞85%。

3. 学习逃避。如，在线学习时，频繁切换页面，实际有效学习时间大幅减少。

对抗行为的具体表现

1. 象征性破坏。如，撕毁试卷时，血清素水平骤降，伴随前额叶激活抑制。

2. 语言攻击模式。如，习惯使用第二人称指责型语句（如“你们根本不懂”）。

3. 违纪行为不断升级。如，从交头接耳（轻度），发展到离座游荡（中度），最终出现肢体冲突（重度）。

情绪障碍型学习困难的诊断与评估

情绪障碍型学习困难的诊断与评估是一个多维度、多阶段的系统性工程，需整合心理学、教育学、神经科学等学科方法，以精准识别情绪障碍与学习困难的因果关系。

一、诊断流程：三级联筛的标准化路径

初步筛查：情绪障碍的快速识别

工具与操作如下。

1. 儿童焦虑量表（SCARED）。它包含 41 项内容，覆盖躯体化症状、广泛性焦虑、分离焦虑、社交恐惧、学校恐惧 5 个维度。总分≥ 25 分，提示临床焦虑风险。

2. 儿童抑郁量表（CDI）。它包含 27 项内容，重点评估情感、认知、行为症状。得分≥ 19 分（学龄期）或≥ 15 分（青春期），提示抑郁风险。

例如，12 岁的雯雯，在学习困难门诊进行检测。其 SCARED 筛查结果如下：广泛性焦虑维度得分偏高，表现为持续担忧作业质量、反复检查书包以确认是否带齐文具；社交恐惧维度得分偏高，表现为回避课堂发言、拒绝参加同学生日聚会。其总分为 38 分（> 25 分），触发二级评估流程。另外，班主任观察到她在数学课前频繁去洗手间，符合焦虑行为指征。

学业能力评估：认知与成就的分离验证

目的是排除智力缺陷或教学不当因素，确认学业表现与认知能力的显著偏离。工具与操作如下。

1. 韦氏儿童智力量表。基于言语理解、视觉空间、流体推理、工作记忆、加工速度 5 个维度，评价总智商（FSIQ）。FSIQ ≥ 85 分，提示正常。

2. 韦氏个体成就测验。评估阅读、数学、写作等核心学科能力。

例如，10 岁的晓宇在学习困难门诊的测试评估数据如下：总智商（FSIQ）为 105 分；工作记忆指数显著低于其他指数，提示执行功能缺陷；WIAT- Ⅲ数学推理标准分为 78，表现为应用题理解困难（如无法将“折扣问题”转化为数学表达式）。这种“高智商—低成就”模式提示学习困难，但需排除感官损伤。

综合诊断：跨学科共识

即整合生物、心理、社会数据，确认情绪障碍与学习困难的因果关系。参与方与流程如下。

1. 临床心理学家。解读心理测评结果。

2. 神经发育专家。分析脑电图、近红外光谱等检查数据。

3. 学校辅导员。提供课堂观察记录、学业进步轨迹。

4. 家长和孩子。报告家庭互动模式、症状发展历程。

例如，13 岁的小北，在学习困难门诊参加了多学科诊断。结果如下：持续 6 个月的过度担忧（广泛性焦虑障碍），伴随肌肉紧张、疲劳等躯体症状；前额叶氧合血红蛋白在阅读任务中下降 40%，提示认知资源耗竭；心率变异性（HRV）低频和高频比值为 4.3（正常≤ 3），反映交感神经过度激活；英语阅读速度为 45 词 / 分钟（同龄均值为 120 词 / 分钟）；书写错误集中在长难句（焦虑导致工作记忆超载）。他最终被诊断患有情绪障碍型学习困难，被建议接受认知行为治疗，联合学业调整。

二、评估工具：多维探针的精准应用

行为观察法：自然情境下的生态化评估

操作规范：在模拟考试训练中记录注意力持续时间、分心行为频率、焦虑性动作（如咬指甲、抖腿）强度（0 ~ 3 级）。

例如，14 岁男孩小洋在学习困难门诊训练室的观察报告如下：注意力单次最长专注时间 82 秒，显著低于同龄均值 240 秒；30 分钟内出现分心行为 12 次，其中 8 次由外部刺激（如脚步声、翻书声）触发；搓衣角动作强度 2 级（手指发红），平均频率 1 次 /2.5 分钟。

生理指标监测：躯体反应的客观量化

在心率变异性方面，低频功率反映交感神经活性，高频功率反映副交感神经活性，低频和高频比值偏高提示应激状态。在皮肤电反应方面，基础皮肤电导水平偏高提示慢性焦虑，特定刺激下波峰幅度偏高提示急性应激。

三、诊断标准：排除与关联的二元验证

双重排除标准：病因的严格过滤

操作要点如下。

1. 智力排除。如，WISC- V 总智商 ≥ 85 分，且各指数 ≥ 80 分。

2. 感官排除。视力矫正后达正常水平，听力也正常。

功能损害证据：临床意义的定量界定

核心指标如下。

1. 学业偏离度。如，WIAT-Ⅲ学科得分≤85分，且FSIQ≥100分。

2. 社会功能。如，社交回避及苦恼量表（SAD）测试结果正常。

情绪障碍型学习困难的教育干预与治疗策略

针对情绪障碍型学习困难的干预，需要构建多系统协作的生态化方案，整合认知重塑、家庭动力调整、神经功能训练等多维度策略。

一、认知行为疗法（CBT）：重构认知的神经可塑性路径

干预内容与机制

1. 认知重构。通过思维记录表识别自动化负性思维，如全有全无思维（考不好就是废物）、过度概括（一次失败说明永远不行）。重复认知训练可增强背外侧前额叶皮层对边缘系统的调控，降低杏仁核激活强度。

2. 暴露疗法。构建焦虑等级量表，从低焦虑场景（观看教学视频）到高焦虑场景（模拟考试）逐级暴露。

二、家庭系统干预：重塑家庭动力的生态系统

扩展干预框架

1. 情绪调节训练。如，提升家庭和谐水平。

2. 沟通模式重构。如，从“指责—防御”模式转向“共情—协作”模式。

3. 代际创伤干预。如，打破焦虑、抑郁的代际传递。

4. 社会支持。如，求助学校、社区支持系统。

家庭干预技术

1. 绘制家庭情绪地图。如，用不同颜色标记家庭成员情绪（如红色 = 愤怒，蓝色 = 悲伤），还可以绘制情绪触发事件（如检查作业 = 红色）及缓冲事件（如共同游戏 = 绿色）。

2. 构建代际创伤工作坊。如：分析家谱图，识别三代内的情绪障碍模式；处理未竟事务（如通过空椅技术释放压抑情绪）。

三、扩展家庭教育方案：打造五维支持体系

家庭情绪教练计划

1. 在训练室指导家长和孩子掌握运用“情绪粒度”技巧——用

词汇精确标注情绪，如“失望”不代表“不好”。

2. 实施“家庭情绪天气预报”。如，每日早餐时与家人分享情绪。

例如，通过家庭情绪标注练习，14 岁的小玲情绪识别准确率从 45% 提升至 82%，家庭冲突减少 70%。

正念养育工作坊

1. 在训练室指导家长和孩子掌握运用“STOP”技术：暂停（Stop）—呼吸（Take a breath）—观察（Observe）—继续(Proceed)。

2. 身体扫描练习。如，每日进行 10 分钟亲子正念练习，同步监测心率变异性。

家庭无屏计划

在家设立无屏幕时段（如 18:00 ~ 20:00），多安排家庭游戏或户外活动。

例如，在治疗师指导下实施无屏计划后，小华家日均屏幕时间从 6.5 小时减至 3.2 小时，亲子对话时间增加 120%。

家庭叙事疗法

1. 共同创作“家庭英雄故事”，将学习困难重构为成长任务。

2. 使用隐喻技术缓解不良情绪，如告诉孩子“焦虑像乌云，但你是天空”。

构建跨代学习联盟

组织祖辈分享“非学业成功故事”，如社交技能、逆境应对等，同时制作“家族优势树”可视化家谱。

第九章

学习困难综合应对方案

个性化教育计划

个性化教育计划是针对学习困难学生的核心干预措施，本质是通过系统的科学评估与动态调整，为孩子提供精准的学业支持与心理干预。其制订不仅是教育策略的整合，更是神经科学、心理学、教育学等学科协作的成果。

一、科学的制订步骤：从初步评估到目标设定全流程跟踪

多维度评估阶段：构建孩子发展的三维坐标系

评估是个性化教育计划的基石，需基于生理、心理、环境进行全方位考量，绘制孩子的能力全景图。

1. 神经心理评估：解码大脑的“学习密码”。理论依据是，基于神经可塑性理论，定位学习困难的神经机制。具体工具有：(1) 韦氏儿童智力量表，它通过五大核心指数（言语理

解、视觉空间、流体推理、工作记忆、加工速度）构建认知剖面图；（2）儿童焦虑量表，它可以识别广泛性焦虑、社交恐惧等。

2. 学业能力分析：破解学科障碍的“基因序列”。具体工具有：（1）韦氏个体成就测验，它可精确定位学科短板；（2）错误模式分析表，它可以通过编码系统量化评估错误类型。

3. 环境因素筛查：教育生态的“压力测试”。如，可以使用家庭适应性与凝聚性评估量表（FACES）。家庭过度保护孩子，孩子常表现出决策依赖与抗挫力低下。另外，据家庭互动录像分析，母亲平均每 3 分钟发出一次指令性语言，会抑制孩子自主性发展。

目标设定阶段：基于 SMART 原则的神经教育学转化

目标设定是将评估数据转化为行动指南的关键环节，是神经发育规律与教育实践的完美结合。

1. SMART 原则

SMART 原则是一种目标管理思维，强调目标设定的科学性和可操作性。具体解释如下。

（1）S，即 Specific（具体的）。比如，针对工作记忆缺陷，可以设定“通过记忆策略训练，在 3 个月内将数字广度从 4 位提升至 6 位”的目标。

（2）M，即 Measurable（可衡量的）。比如，可以使用 Corsi 积木敲击任务量化任务进展。

（3）A，即 Achievable（可实现的）。比如，基于脑可塑性研究，前额叶灰质密度每月可提升 0.5% ~ 1%。

（4）R，即 Relevant（相关的）。比如，可以想办法提升工作记忆。

（5）T，即 Time-bound（有时限的）。比如，可以分阶段设置进步里程碑。

2. 目标分解策略

（1）短期目标（1 ~ 3 个月）：行为干预，如减少数学逃避行为，从日均 3 次降至≤ 1 次；学业补偿，如允许使用计算器辅助复杂运算，确保基础概念掌握率≥ 80%。

（2）长期目标（6 ~ 12 个月）：神经重塑，如通过脑电生物反馈训练，重塑神经机制；社会功能增强，如从孤立学习转向小组合作，同伴互动次数提升 30%。

二、实施要点：构建支持性教育生态

构建跨学科协作模式

1. 教育神经科学家，解读脑成像数据，制订认知训练方案。

2. 临床心理师，可以设计认知行为疗法暴露阶梯。

3. 特教教师，可以开发多感官教具。

教育空间的神经友好型改造

1. 物理环境改造。如，为光敏感孩子安装可调色温灯。研究显示，合适光照可提升注意力水平。再如，使用白噪声发生器掩盖环境噪声。

2. 社交环境改造。如，为孩子设立学习伙伴轮值制，通过社会性强化（如积分奖励）促进孩子的社会性互动。再如，用正向语言促进孩子的正向心态。研究显示，成长型思维训练可使孩子的坚持力大幅提升。

三、伦理与法律考量：守护教育公平底线

知情同意权

治疗过程中要使用可视化知情同意书，确保家长理解相关风险与收益。同时，定期确认孩子的参与意愿，尊重孩子中途退出的权利。

隐私保护机制

严格遵守《中华人民共和国个人信息保护法》。

四、终极目标：从“缺陷修补”到“潜能激活”的科学革命

个性化教育计划的出现标志着教育干预从经验主义向神经科学驱动范式的转型。它通过多维度评估锁定神经发育关键窗口期，依托SMART原则构建神经可塑性训练路径，借助环境改造优化学习生态，旨在实现认知解放（如工作记忆缺陷孩子通过训练达到同龄均值）、情绪自由（如数学焦虑者从恐惧学习到享受学习）和社会融合（如曾被孤立的孩子成为学习小组的核心成员）。

总之，通过个性化教育计划，我们可以重新定义“学习困难”的本质：它不是缺陷，而是独特神经特质指引下的差异化成长机遇。

多学科协作干预模式

一、概念与理论根基

多学科协作干预模式是以学习困难孩子为核心，整合教育学、心理学、神经科学、医学、社会学等学科知识，通过系统性协作，解决孩子生理、心理、社会等维度的问题。其核心特征是打破学科壁垒，构建“评估—干预—追踪”的动态干预系统，实现从单一症状管理到整体功能提升的转变。

理论支撑

1. 生态系统理论。孩子发展受微观系统（家庭、学校）、中观系统（家校互动）和宏观系统（文化环境）共同影响。

2. 生物—心理—社会干预模型。这是生物机制、心理状态和社会环境三个层面的综合干预。

3. 神经可塑性理论。通过跨学科刺激（如认知训练、营养干预等）优化大脑功能。

模式特征

1. 跨域性。如，医学提供脑功能数据，心理学解析情绪障碍，教育学设计适应性教学方案。

2. 动态性。如，基于实际情况（如脑电波、行为日志）调整干预策略。

3. 预防性。如，早期识别风险因子（如语言发展迟缓），实施发展性干预。

二、意义与必要性

突破单一学科干预的局限性

单一学科干预存在局限性。如：医学仅关注脑结构异常，可能忽视教学不当的影响；教育干预单纯调整教学方法，无法解决神经发育缺陷。多学科协作可使干预效率显著提升，从而节约社会成本。

核心价值

1. 精准干预。通过基因—大脑—行为的多层级数据锁定学习困难靶点问题。

2. 资源整合。串联医疗机构、学校、社区等形成多维支持网络。

3. 终身发展。不仅改善学业表现，更培养情绪调节与社会适应能力。

三、具体内容：四维干预系统

生理维度干预

1. 神经功能调控。如：用经颅直流电刺激，增强前额叶皮层兴奋度；用脑电生物反馈训练，改善感觉运动节律。

2. 代谢干预。如：补充 Omega–3 脂肪酸，促进神经元髓鞘化；监测铁蛋白水平，保障多巴胺的合成。

例如，学习困难门诊患 ADHD 的学生小欣，在生理维度的代谢干预下，注意力平均维持时间从 3 分钟延长至 15 分钟。

心理维度干预

1. 认知行为疗法。如，使用思维记录表识别自动化负性思维，如“我永远学不好数学”，增强正向思维。再如，用行为激活技术增加积极体验，如每天记录 3 项学习成就。

2. 情绪调节训练。如，通过心率变异性生物反馈训练，优化自主神经功能。再如，每天进行正念呼吸练习，降低杏仁核激活强度。

教育维度干预

1. 课程适配。如，为阅读困难学生提供语音与文字转换工具，采用多感官教学法。

2. 评估改革。如：用动态测评替代标准化考试；允许分时段完成试卷，降低工作记忆负荷。

例如，学习困难门诊的治疗师指导读写困难孩子使用语音与文字转换工具，其作文长度从 50 个字增至 300 个字，语法错误大幅减少。

社会维度干预

1. 家庭系统重塑。如：制订《家庭沟通公约》，规定每日进行 15 分钟无批评对话；通过家庭沙盘游戏，改善亲子投射模式。

2. 构建同伴支持网络。如，组建学习伙伴小组，在训练室实施同伴辅导。

3. 开展社会技能训练。如眼神接触练习、冲突解决角色扮演等。

例如，有社交恐惧的 12 岁女孩小洁，参与了同伴辅导活动后，在课堂上敢发言了，一周内发言次数从 0 次增至 4 次。

四、实施步骤：五阶段步步推进

阶段一：组建跨学科评估联盟

1. 团队构成。核心成员，如神经心理学家、教育评估师、临床心理师、社工等。扩展成员，如营养师、语言治疗师、职业治疗师（视需求而定）等。

2. 工具整合。如脑电图、近红外光谱等医学工具，课程本位测量系统等教育工具，以及儿童行为量表、情绪调查问卷等心理工具。

阶段二：多维数据采集与解析

1. 生物数据。如基因检测结果、血液生化指标检测结果等。

2. 行为数据。如训练室录像编码分析结果（如分析异常行为频率）、家庭互动录音情绪语调分析结果等。

3. 环境数据。如光照强度检测结果、噪声水平监测结果等。

阶段三：问题建模与目标设定

1. 构建因果分析。如，使用贝叶斯网络分析法分析各因素（如睡眠不足、注意力下降、学业落后）的相互作用，通过影响因子权重确定主攻方向。

2. 目标拆解。如，可以将目标拆解为短期目标（1 ~ 3 个月)、中期目标(3 ~ 6 个月)和长期目标(6 ~ 12 个月)。

阶段四:个性化干预包设计

1. 模块化方案。如生物模块、心理模块和教育模块。

2. 跨学科衔接点。如神经反馈训练与训练室模拟课堂学习同步(如训练后立即进行阅读练习)、营养干预与行为干预结合(如高蛋白饮食配合情绪日记)等。

阶段五:动态执行与协同调控

1. 实时监测系统。如,使用智能手环追踪心率变异性、睡眠质量,用学习分析工具记录作业正确率、用时和求助次数。

2. 协同会议机制。如,每周进行干预策略调整,每月评估跨维度进展。

五、实施策略:三大支撑体系互为掎角

技术支撑体系

1. 使用数据整合平台,整合医疗记录、学业数据、家庭报告。

2. 使用远程协作工具,通过用虚拟现实会议系统支持多学科实时会诊。

人才培育体系

1. 跨学科培训。如：设立“教育神经科学”培训项目，培养懂脑科学的治疗师；医生进修教育心理学课程，理解教学场景需求。

2. 制订认证标准。如，制订《多学科干预师能力标准》，实施案例督导制度。

保障体系

1. 建议学校为学习困难学生配备多学科协作干预团队。

2. 设立专项基金，支持农村地区多学科协作干预团队建设。

3. 建立跨机构转介网络，如医院、学校、社区无缝衔接。

家校社联动支持体系

家校社联动支持体系是以学习困难学生为中心，通过家庭、学校、社区（社会）三方资源整合与协作，构建覆盖孩子全部生活场景的支持网络。这一体系以生态系统理论为根基，强调通过多方力量的协同作用，打破传统干预中“各自为战”的局限，实现从“单一补救”到“全域赋能”的转变。

一、概念与理论根基

核心定义

家校社联动支持体系是指通过制度化的协作机制，将家庭的教育功能、学校的专业资源、社会的支持服务有机结合，形成针对学习困难学生的“预防—干预—发展”三级支持网络。其核心在于通过角色互补、资源共享、责任共担，实现孩子成长环境的系统性优化。

理论支撑

1. 生态系统理论。强调孩子的行为与发展是微观系统（家庭、学校）、中观系统（家校互动）和宏观系统（文化环境）共同作用的结果。

2. 社会支持理论。社会网络提供的工具性支持（如学习软件）、情感性支持（如心理疏导）和信息性支持（如信息咨询）可以共同促进孩子适应能力提升。

3. 集体效能理论。当家庭、学校、社区形成共同目标与互信关系时，干预效能可提升 3 ~ 5 倍。

家校社体系特征

1. 全域覆盖。如，可以从家庭餐桌到社区图书馆，构建无缝衔接支持场景。

2. 动态响应。如，可以通过智能监测系统实时识别需求并调配资源。

3. 文化敏感。如，尊重家庭文化背景、价值观差异等。

二、意义与必要性

可以破解传统干预困境

传统干预困境主要包括以下两点。

1. 互不相通。如，学校不了解家庭教养方式，社区未参与学业支持。

2. 资源碎片化。如，家庭缺乏专业知识，学校难获取医疗资源，社区服务没有被激活。

核心价值

1. 早期预警。可以通过家校沟通及早发现发展偏离，如语言迟缓，尽早干预。

2. 精准干预。可以整合医疗诊断、教育评估、社区服务制订个性化方案，科普学习困难知识。

3. 持续发展。可以构建全生命周期支持系统。

社会经济价值

1. 降低公共成本。如，可减少特殊教育安置、青少年犯罪等衍生支出。

2. 提升人力资本。如，可帮助学习困难者发展职业技能，增加社会生产力。

3. 促进教育公平。如，可以用社区资源补偿家庭文化资源不足。

三、具体内容：构建三级支持系统

家庭支持层

1. 家庭教育能力建设。如，开设神经发育、积极养育相关课程，专业人员入户指导家庭环境改造（如设立无干扰学习角）。

2. 构建家庭需求响应系统。如，通过可穿戴设备追踪孩子情绪波动情况，设置家庭干预提示，提供行为管理、政策解读等 24 小时支持热线。

学校支持层

1. 校本干预中心。跨学科团队（特教教师、心理师、社工），提供课堂适配服务，打造资源教室系统，配备多感官学习设备（如互动白板、触觉字母板）。

2. 教师赋能体系。帮助教师理解学习困难的生物机制，打造个性化教学策略，如针对阅读障碍的字体适配方案。

社区支持层

1. 打造社区资源中心，如学业加油站和职业体验基地。可以招募大学生志愿者提供课后答疑，还可以与本地企业合作开设实践课程，如超市计算能力实训。

2. 构建公共服务网络，如医疗转介绿色通道和文化包容项目。可以让社区医院与学校共享发育评估数据，还可以为家庭提供节日融合活动。

第十章

学习困难训练营

训练营课程设置与目标

针对存在注意力缺陷、认知发展滞后、学科能力薄弱等问题的孩子，学习困难训练营可以通过科学、系统的课程设计，结合医学、教育学和心理学干预手段，帮助他们突破学习困难，提升综合能力。以下是课程设置及训练目标的详细说明。

一、基础能力模块

注意力训练课程内容及目标

1. 视觉与听觉注意力训练。通过符号译码、找不同、图形追踪等视觉任务，以及听写复述、指令执行等听觉任务，提升孩子对信息的捕捉和筛选能力。

2. 持续性与灵活性训练。可以采用计时任务（如舒尔特方格）、动态注意力训练法（如踢球、控球、动态追球）等，延长专注时间，增强任务切换的灵活性。

3. 多感官整合训练。可以结合视听联觉任务（如听声音画图形、看视频复述内容），强化信息整合能力。

4. 训练目标。(1) 提高注意力集中度，如单任务专注时间延长 50% 以上。(2) 减少课堂分心和小动作频率，如减少 75% 的走神行为。(3) 提升多任务处理效率，如作业完成速度提高 30%。

执行力训练课程内容及目标

1. 计划与组织能力训练。如，通过任务分解（如制作学习计划表）、流程模拟（如整理书包的步骤）等，培养目标导向行为。

2. 工作记忆训练。如，利用数字记忆游戏、故事复述、迷宫路径记忆等，增强短时记忆容量和提取速度。

3. 抑制控制训练。如，设计“停止一反应”游戏（如红灯停、绿灯行）、延迟满足任务（如先完成任务再获得奖励），减少冲动行为。

4. 训练目标。(1) 提升任务规划能力，如独立制订学习计划。(2) 增强记忆效率，如单词记忆量提升 40%。(3) 降低冲动行为发生率，如课堂乱说话行为减少 60%。

二、核心技能模块

认知技能提升课程内容及目标

1. 逻辑与推理训练。如，通过数学谜题、图形推理、因果关系分析等活动，强化抽象思维和问题解决能力。

2. 语言理解与阅读能力训练。如，采用分段阅读法、关键词标记、故事结构分析等，提升阅读理解速度和准确性。

3. 空间与数字感知训练。如，结合积木搭建、数字线游戏、几何图形分割等，改善数学障碍儿童的数感和空间认知。

4. 训练目标。(1) 提高学科基础能力，如数学计算正确率提升 50%。(2) 增强文本理解深度，如阅读答题正确率提高 60%。(3) 建立自信心，如主动参与课堂互动。

学科能力强化课程内容及目标

1. 语文专项。如：针对书写困难，设计笔顺矫正、字形结构拆解、听写强化等练习；针对阅读困难，采用多感官识字法。

2. 数学专项。如，通过实物操作（如计数棒、算盘）、计算策略训练（如分解法、凑十法）和数学语言转换（如文字转图表），解决数学逻辑薄弱问题。

3. 英语专项。如，结合自然拼读、情境对话、单词联想记忆法等，突破发音和词汇记忆瓶颈。

4. 训练目标。(1) 纠正学科基础错误，如汉字书写规范性提升 80%。(2) 掌握学科核心策略，如数学应用题解题步骤清晰化。(3) 缩小与同龄人的学业差距，如成绩提升 20%。

三、行为与心理调适模块

正念与情绪管理课程内容及目标

1. 正念冥想。如，通过呼吸调节、身体扫描、情绪觉察练习，帮助孩子识别和管理焦虑、挫败感等负面情绪。

2. 情绪表达训练。如，采用角色扮演、情景模拟、情绪卡片分类等，提升情绪表达与共情能力。

3. 压力应对策略。如，放松技巧（如渐进式肌肉放松）、积极自我对话、问题解决四步法（识别—分析—解决—反思）等。

4. 训练目标。(1) 降低情绪爆发频率，如发脾气次数减少 70%。(2) 增强抗压能力，如考试焦虑评分下降 50%。(3) 建立积极自我认知，如自信心评估提升 40%。

社交与行为规范调整课程内容及目标

1. 社交技能训练。如，通过小组合作任务（如团队拼图）、冲突解决模拟（如资源分配游戏），培养沟通与协作能力。

2. 规则意识培养。如，设计课堂纪律模拟游戏（如举手发言制）、时间管理任务（如限时完成挑战），使规则内化。

3. 行为矫正干预。如，采用代币奖励系统（如积分兑换奖品）、行为契约法（如签订学习协议），逐步纠正不良习惯。

4. 训练目标。(1) 改善同伴关系，如主动社交次数增加50%。(2) 遵守课堂纪律，如违规行为减少80%。(3) 形成良性行为模式，如按时完成作业。

四、家庭与环境支持模块

家庭赋能课程内容及目标

1. 好家长课堂培训。如儿童心理发展规律、行为管理技巧（如正向激励法）、家庭作业辅导策略等。

2. 亲子互动指导。如，通过设计亲子任务（如合作完成手工）、沟通技巧演练（如非暴力沟通），改善家庭互动模式。

3. 家庭环境优化。如，提供学习角布置建议（如减少干扰物）和时间表制订模板。

4. 训练目标。(1) 提升家长干预能力，如有效辅导时间增加60%。(2) 改善亲子关系质量，如冲突减少50%。(3) 营造支持性家庭环境，如学习效率提升30%。

评估与反馈机制课程内容及目标

1. 基线评估。如，通过韦氏儿童智力测试、Conners 量表、学业能力测评等，全面分析儿童能力短板。

2. 动态监测。如，每周记录注意力持续时长、作业正确率、情绪波动等，生成个性化进展报告。

3. 反馈调整。如，根据数据与访谈结果，每两周调整训练强度和方法（如增加视觉任务比例）。

4. 训练目标。(1) 精准定位干预方向，如确定注意力缺陷为优先项。(2) 动态优化课程方案，如调整训练难度以匹配进步速度。(3) 量化呈现改善效果，如提供可对比的评估数据。

五、课程特色与整合模式

跨学科整合

1. “医学—教育—心理”三联动。可以由康复医师、特教老师和心理治疗师共同设计课程。例如，针对 ADHD 儿童，整合生物反馈训练（医学）、行为契约法（教育）和正念干预（心理），进行综合干预。

2. 动态课程包。可以根据具体情况提供模块化组合，如“注意力 + 执行功能”“阅读 + 情绪管理”等。

场景化训练

1. 模拟真实课堂。如，设置 45 分钟课程模拟活动（含互动问答、小组任务），帮助孩子适应学校节奏。

2. 生活技能迁移。可以将训练融入日常场景，如超市购物计算（数学应用）、旅行计划制订（执行功能）等。

科技工具辅助

1. 生物反馈仪。如，通过脑电波监测反馈，帮助儿童直观理解注意力状态。

2. 数字化任务平台。如，使用互动软件进行认知训练，增加训练趣味性和数据追踪精度。

六、预期成效与长期目标

短期目标

例如，通过 1 周密集型训练（每天 8 小时），预计达成以下成果。

1. 能力提升。注意力持续时长从 10 分钟延长至 25 分钟，作业错误率降低 50%。

2. 行为改善。课堂违规行为减少 70%，亲子冲突减少 60%。

3. 学业进步。语文、数学成绩提高 10 ~ 30 分（满分 100），学习效率提升 40%。

4. 心理成长。自信心大幅提升。

长期目标

例如，帮助儿童建立可持续的学习策略，实现从“被动矫正”到“主动管理”的转变，最终融入主流教育环境并保持学业竞争力。

训练营教学方法与活动形式

学习困难训练营的教学方法与活动形式设计，应以“医学—教育—心理”跨学科整合为基础，以“精准评估—分层干预—动态优化”为核心逻辑。它的目的是结合儿童认知发展规律和个性化需求，通过多元化的干预手段，提升学习效能。其创新性体现在跨学科整合、科技赋能、长期效果保障，以及最终帮助儿童实现从“被动矫正”到“主动学习”的转变。

一、教学方法

个性化分层教学法

1. 核心内容。主要是医学、教育学联合评估。如，基于韦氏儿童智力测试、Conners 量表及学业能力测评，精准定位儿童能力缺陷，如注意力缺陷、阅读障碍、数学逻辑薄弱等。

2. 分阶训练策略。一是基础层。如，针对注意力不足儿童，采用舒尔特方格（视觉追踪）、符号译码（信息筛选）等任务提升基础专注力。二是进阶层。如，学科能力薄弱者通过分阶训练包训练。三是高阶层。如，结合逻辑推理任务（如数学谜题、图形分割）和跨学科问题解决（如科学实验设计），强化综合能力。

多感官教学法

1. 核心内容。主要是视听联觉训练。如，通过听声音画图形（听觉与视觉联动）、视频复述（提炼关键信息），强化信息整合能力。

2. 触觉辅助学习。如，针对书写困难，可以使用凹凸字形触觉卡片、沙盘书写，改善手部肌肉控制与视动协调。

3. 动觉参与式教学。如，将数学计算与身体活动结合，用跳格子数数（空间感知）、抛接球计数（动态注意力）等，提升数感与执行能力。

认知行为训练法

1. 核心内容。主要是工作记忆强化。如，可以采用数字接龙游戏（短时记忆容量提升）、故事复述任务（信息提取与组织能力）。

2. 抑制控制干预。如，设计“红灯停、绿灯行”指令游戏

（动作抑制）和延迟满足任务（如先完成任务再获得奖励），减少课堂乱说话等冲动行为。

3. 自我监控策略。如，可以通过学习计划表制订与执行，培养目标导向行为与时间管理能力。再如，可以通过多样化学习方法（分散学习、联想记忆）提升学习效率，还可以结合运动干预与正念冥想平衡神经兴奋性，改善多动症。

场景化任务驱动教学法

1. 核心内容。真实情境模拟。

2. 课堂场景。如，通过 45 分钟课程模拟（含互动问答、小组任务），训练儿童的规则意识。

3. 生活场景。如，通过超市购物计算（预算与找零）、旅行计划制订（时间与路线规划）等，将学科知识融入实际应用。

二、活动形式

学科能力强化活动

1. 语文专项。如：字形拆解工坊，通过汉字积木拼搭（如“森”字由三个“木”组合而成）理解结构规律，改善书写困难；多感官阅读会，结合触觉（盲文卡片）、听觉（有声书）

和视觉（图文对照）提升阅读流畅性。

2. 数学专项。如：实物操作挑战，使用计数棒、算盘进行简单四则运算；数学逻辑竞赛，通过合作解决跨学科问题，培养策略思维。

3. 英语专项。如：自然拼读剧场，通过角色扮演（如字母精灵情景剧）掌握发音规则；单词联想接龙，通过 apple → elephant → tree……”这样的方式构建词汇记忆网络。

行为训练活动

1. 注意力马拉松。如：静态任务，通过舒尔特方格计时赛、图形追踪任务等，逐步延长专注时长；动态任务，通过踢球控球（同时计数）、动态追踪移动目标（如追踪摇摆球轨迹）巩固注意力持续度。

2. 执行功能挑战营。如：计划制订赛，通过小组合作设计一日学习计划表，并评选最佳时间管理方案，提升执行力；抑制控制游戏，通过“木头人”游戏升级版（在音乐停止时完成指定动作），减少冲动行为。

心理调适与社交活动

1. 正念工作坊。如：情绪觉察练习，通过情绪温度计图表记录每日情绪波动，学会识别焦虑、挫败感；身体扫描，在指导语提示下放松肌肉，缓解学习压力。

2. 社交技能实战营。如：冲突解决模拟，通过角色扮演玩具争夺战，演练“倾听—表达—妥协”冲突解决“三步法”；团队合作任务，通过无声拼图（仅通过肢体语言完成），培养非语言沟通能力。

家庭协同活动

1. 家长赋能工作坊。如：行为管理培训，学习正向激励法（如代币制）、非暴力沟通技巧；家庭环境优化，布置无干扰学习角，制订可视化作息表。

2. 亲子互动日。如：合作挑战赛，通过共同完成科学实验（如制作火山模型），增强协作与信任；家庭会议模拟，模拟制订作业时间协议，明确责任与奖励机制。

评估与反馈活动

主要是阶段性能力测评。如：基线对比测试，可以每天量化对比注意力时长、作业正确率等；心理状态评估，可以采用儿童自我感知量表（如自信心评分），跟踪心理成长。

三、创新整合模式

“动静结合”干预模式

1. 动。如，通过高强度运动（如障碍跑、跳绳）改善前庭觉功能与执行力。

2. 静。如，通过正念冥想、呼吸调节平衡神经兴奋性，降低多动症儿童焦虑水平。

跨学科主题日活动

1. 科学探索日。如，可以通过融合数学（测量）、语文（实验报告撰写）与科学知识（物理原理），培养综合应用能力。

2. 历史文化周。如，可以通过角色扮演（如古代市集）、手工艺制作（如活字印刷）等跨学科学习，增强文化理解力。

科技与人文融合活动

1. 编程思维工坊。如，可以通过图形化编程培养逻辑思维与创造力。

2. 戏剧表达课程。如，可以通过剧本创作与表演，提升语言表达与情绪管理能力。

四、长期效果保障机制

1. 技能迁移训练。如，可以将课堂策略延伸至家庭。

2. 校友互助小组。如，可以在结营后组建学习小组，定期分享经验，互相学习。

3. 季度跟踪回访。如，可以通过线上测评、线下访谈跟踪进展情况。

训练营效果评估与跟踪

学习困难训练营的效果评估与跟踪是干预体系的核心环节，其目标在于科学验证训练成果、动态优化方案并保障长期效果。

一、评估的内涵与意义

评估的内涵

学习困难评估是通过系统化方法，全面分析儿童的学习困难类型、严重程度及成因。其核心包括以下几个方面。

1. 医学诊断。排除智力障碍、神经发育异常或其他疾病干扰。

2. 能力短板定位。通过认知功能、学科能力及心理状态的多维度测评，识别注意力缺陷、阅读障碍、数学逻辑薄弱等具体问题。

3. 干预基线建立。为制订个性化训练计划提供科学依据。例如，针对书写困难儿童，需区分动作协调型和空间感知型缺陷。

评估的意义

1. 精准干预。确保训练方案与儿童实际需求匹配。例如，通过 Conners 量表区分注意力缺陷与多动倾向，然后有针对性地设计抑制控制训练。

2. 效果验证。量化干预成果（如注意力持续时长从 10 分钟提升至 25 分钟），为家长和教育者提供客观反馈。

3. 资源优化。主要是避免无效干预。例如，对阅读困难儿童，应优先强化语音解码而非计算能力训练。

二、评估工具

标准化评估工具

1. 智力测验。如，用韦氏儿童智力量表确认智力正常，排除智力低下导致的学业问题。

2. 学业成就测验。如，评估阅读、数学等领域的实际水平，若学习商明显低于同龄平均水平，则可诊断为学习困难。

3. 认知能力测试。如，注意力测评工具有 Conners 量表、

SNAP 量表等，记忆力测试工具有数字广度测验、故事复述任务等。

神经心理检查工具

1. 脑电图。用于检查脑功能。

2. 听觉诱发电位。用于评估听觉信息处理能力，辅助诊断阅读困难。

3. 近红外脑功能成像。用于分析前额叶皮层活动，评估执行功能训练效果。

行为与情绪评估工具

1. 儿童行为量表。用于识别焦虑、抑郁等情绪问题对学习的影响。

2. 情绪温度计。用图表记录情绪波动频率与强度，以量化心理干预效果。

功能测试工具

1. 视动协调测验。如，用视动统合发展测试评估书写困难儿童的手眼协调能力。

2. 动态注意力任务。如，用踢球控球结合计数任务评估多任务处理能力。